JN286142

裏ビジネス　闇の錬金術

鈴木　晃

講談社+α文庫

まえがき

一九八〇年代に入って、地価高騰が原因で急激に膨張したバブル経済という化け物は、日本全土にカネあまりという異常現象を生んだ。この化け物退治のため、一九九〇年春に日本政府の行った「総量規制」策によってバブル経済には終止符が打たれたが、それが原因で日本社会は一三年に及ぶ不況と混乱に苦しんでいる。

バブル経済当時、約一〇年間続いた地価の異常暴騰は、まず無数の土地成金を生み、同時にゴルフ場関連業界にも好景気の波は押し寄せた。そして、日本全土の至るところにカネあまり現象は波及するのである。

もちろん、株式相場も暴騰を続けるわけだが、日経平均株価がもう一歩で四万円というところでバブル相場は終焉《しゅうえん》を迎えた。

総量規制の効果で日本経済は一瞬にして冷え込み、やがて氷河期に突入するのである。二〇〇三年二月現在に至っても、冷え込んだ経済に回復の兆しはなく、次々に社会的混乱を呼び込んでいる。それは、さらなる経済の落ち込みを懸念させる混乱なのだ。

混乱の代表的なところが、国・地方の異常な借金、銀行や大企業の抱える不良債権などである。これを解消する有効策は、今日に至っても、いまだ見いだされていない。ただ永田町や霞《かすみ》が関《せき》から聞こえてくる声は、公的資金注入と増税だけである。

だが、そうしている間にも、日本全土には企業倒産が続発し、多数の失業と夜逃げを誘発している。隅田川両岸の空き地や、都心を離れた公園を見てほしい。そこには、そうした理由が原因でホームレスになった人々の住む青テントが、無数に存在する。ホームレスの中には、明日の再起を心に誓って、たくましく生きる人々も大勢いる。

親から引き継いだ関西の店頭公開企業をバブル崩壊で失い、結局家族と離れ、都内の青テントに住んでいる男がいる。現在では、金融詐欺を職業に暮らしているのだ。

その男は言う。

「バブル景気に便乗して事業の拡張を図ったのです。銀行の勧めで巨額の借り入れをして、新規事業を展開しているさなかにバブル経済は崩壊しました。担保にしていた会社の財産も、個人の資産も、すべて銀行に差し押さえられ、見知らぬ他人に売却されてしまったんです。

父親が創業した、小さな食品卸業でしたが、私の父と私が五〇年にわたって必死で築き上げた会社です。それが、あの『総量規制』をきっかけに立ち往生し、そして倒産です。銀行は当初、資金面の心配はするなと言いながら、私がわずかな不渡手形を出すと同時に、さっさと私を見放したんです。

突如として総量規制を打ち出した政府も、私の全財産を差し押さえた銀行も、それが合法的だったと言うのなら、私も合法的な詐欺で再起を図ってみせますよ」

バブル経済の崩壊と同時にすべてを失い、自殺する者、夜逃げする者、あるいは犯罪に走る者は後を絶たない。

しかし、違法行為スレスレのところで、あるいは多少法を犯してでも、たくましく稼いでいる連中はいくらでもいる。たとえば、関東で密造軽油を売りまくり、巨額のカネを稼いでいる男は言う。

「私は一九九〇年までは、あの証券業界で働いていました。証券会社のやっていることは、たとえ大手証券といえども、ほぼ騙《だま》しのビジネスです。バブル経済崩壊と同時に会社は一般企業に吸収され、手張り（証券会社の社員などが自ら相場を張ること）で大穴を開けていた私は、会社を放逐されることになりました。

証券マン時代の客の紹介で軽油密造の裏稼業に入りましたが、儲《もう》かって儲かって、笑いが止まりません。この稼業は違法なんですが、主な違法行為は軽油引取税の脱税なんです。仮に正規に納税したところで、そのカネは永田町や霞が関の連中が、自分たちに好都合な法律を盾に、湯水のごとく浪費するだけです。だから納税するより、われわれが底辺社会の経済復興に役立てたほうが数百倍も有意義でしょう」

今日も裏稼業に生きる人々は、それなりの裏稼業哲学を持って動いており、そしてその哲学には真実が含まれている。

二〇〇三年二月

鈴木《すずき》　晃《あきら》

裏ビジネス　闇の錬金術◉目次

第三章 解体屋——仕手株を売り抜ける驚愕《きようがく》のカラクリ

第十章　海上ラブホ——クルーザーがラブホテルに早変わり

エピローグ

裏ビジネス　闇の錬金術

プロローグ

日本経済を破滅させた総量規制

乗客を満載したジェット旅客機が、高度三万フィート（約九一〇〇メートル）を飛んでいる。ところが、何の前ぶれもなく突然ジェット機の燃料がゼロになったとしよう。そのジェット機はどうなるか想像していただきたい。ジェット機は墜落、クラッシュ、炎上、そして乗客全員が死亡してしまうだろう。

真夏の炎天下、暑く蒸せかえるビニールハウスの中には、メロンがたわわに実っている。メロンには大量の水道水が降り注ぐような設備がある。ところが何者かが水道の元栓を閉めてしまい、水の供給がまったく絶たれたとしたら、メロンはどうなるだろう。メロンがたちまち枯れてしまうのは、幼稚園児でさえわかる理屈である。

ジェット機の燃料を抜く前に、乗客の安全を考えるのは当然だし、水道の元栓を閉めるのなら、メロンが枯れるのを防ぐのも当然だろう。

だが、無責任にジェット燃料を抜き、メロンへの水源を絶つことが行われた。それが一九九〇年春に日本政府が行った「総量規制」という名の、国家が自らの手で自らの経済を破壊に導いた愚策だったのだ。

総量規制とは、金融機関の融資に対して金融当局が融資額に上限を課すなどの方法によって量的な規制を行うことを言う。一九九〇年春には、不動産業向け貸し出しの伸び率を総貸し出しの伸び率以下に抑制するとともに、不動産業、建設業、ノンバンク向けの貸し出しの内容を報告するように求める措置が取られた。こうした急激な融資規制の結果、バブル崩壊とともに地価が大幅に下落し、金融機関は巨額の不良債権を抱えることになった。

政府はそれを経済破壊ではなく、重要なバブル退治政策だったと言う。だが、それにしてはあまりにも無謀で、非常識な政策だったのは、いまや周知の事実である。その結果、日本経済は不況突入後すでに一三年にもなる。だが経済が立ち直るには、さらにこれから一〇年の歳月を要すると言われるほど、総量規制とは愚かな政策だったのだ。

経済スケールこそ、いまよりはるかに小規模であったにしても、我が国におけるバブル経済の経験は、徳川時代にも昭和初期にもあったはずだ。だが政治家も役人もそこから何の学習もしていない。総量規制以来一〇年余を経た今日に至っても、日本経済は蘇生《そせい》できない。総量規制のあと、日本政府がただ優柔不断を決め込んでいたのも、状況をさらに深刻にした。

そして、一五〇兆円もの民間の不良債権と七三〇兆円もの国・地方の巨額借金が生まれた。国民がこれほど苦しんでいるというのに、総量規制をやった政治家も役人も何の責任も取らないのは、それが誤りだったのではなく、作為的だったからだと考えざるを得まい。政府が日本経済を故意に破滅に導いた目的は何だったのだろう。

永田町の政治家や霞《かすみ》が関《せき》の役人にも、故意、過失にかかわらず、自分たちが犯した政治経済的失敗の責任を取らせる、何らかの制度が必要だろう。ましてや、何を勘違いしてか、特権意識を持った役人による血税の横領などは厳罰に相当する。

大物政治家のカラ売り指示

さて、総量規制が新聞・テレビで報道された日は、朝から大パニックが起きた。職業柄、カネの動きには特に敏感な証券取引の中心地、東京・兜町《かぶとちょう》では、大小さまざまな問題が起きていた。

ある中堅仕手グループの事務所では、証券担保金融業者から緊急連絡が入り、その日の午前中に仕手資金一〇億円の融資を受ける約束が、突如キャンセルされた。総量規制に慌てた銀行が資金の元栓を閉めたからだ。資金の流れが止まったら、東京証券取引所の株取引は激減し、相場が暴落するのは、投資家ならずともわかる理屈である。

また仕手筋に対して資金の供給源を絶つのは、激戦中の軍隊に武器・弾薬の補給を絶つ行為に等しい。大蔵省も日本銀行もそれは十分承知していたはずだ。それでも、あえてそれを行ったのは、株式相場の大暴落とその長期低迷も、長期にわたる経済不況も、承知のうえと思わざるを得ない。

仕手筋が証券会社に資金を入れておかない限り、証券会社は仕手筋の売買注文を受けつけない。仕手戦では往々にして、何らかの事情で資金が枯渇するのを証券会社は承知しているからだ。総量規制では、資金源を絶たれた多くの仕手筋が崩壊した。仕手筋の武器は巨額のカネなのだ。

ところで総量規制の数日前、ある大手証券会社の会長が永田町の某大物政治家に呼びつけられ、株式相場に関してある特別な指示を受けたという話がある。そして、その大手証券会社の会長は顔面蒼白《そうはく》になって帰社したという。この話は兜町事情通の間では、当時ひそかに伝えられていたものである。

会長が帰社したとき、何かにおびえたように彼のひざはガタガタと震えており、しばらくはその震えが止まらなかったと、その大手証券会社の幹部社員は言う。つまり、この会長は某大物政治家から、大量の株のカラ売り（株が値下がりしたときに買い戻して差益を得るために、所有していない株を売ること）指示を受けて帰社していたのだ。ひざが震えていた理由は、大物政治家から総量規制策を事前に知らされ、相場大暴落を予知したからだろう。

総量規制による相場の大暴落を事前に知る某大物政治家が、株のカラ売りをすれば大儲《おおもう》けする確率は一〇〇パーセントである。だが、それは経済行為ではなく、インサイダー取引規定に抵触する犯罪行為なのだ。しかし、この大物政治家は、永田町の住人がおおむねそうであるように、カネと権力の亡者である。したがって違法行為も平然とやる奸物《かんぶつ》だったのだ。

そしてカラ売りをやった結果、大物政治家とその一族郎党は、一生かかっても使い切れないほどの大金を、このたった一回のカラ売りで稼ぎ出したという。この話は、その大手証券会社の上層部では、十数年を経た今日でも語り草になっているとか……。

追い証に追われる

証券業界の受けた衝撃は大変なものであった。たとえば、土地を担保に銀行から資金融資を受け、それに金利を上乗せして、投資家に再融資して稼ぐのが証券担保金融業者である。総量規制では、まずその証券担保金融業者が血祭りに上げられることになった。

証券担保金融業者は、投資家に対して株券を担保に融資するので、彼らのことを株式業界では、俗に「株担業者」とか「証券金融」と呼んでいる。彼らは、担保が一部上場銘柄であれば、その銘柄の株価が何らかの事情で非常識な高値にない限り、時価の八割相当の資金を融資する。彼らのビジネスは、いわばマチキン（街金）の一種である。

これは投資家の立場から眺めると便利なシステムである。一部上場銘柄を買うときに、証券会社に支払う株式売買代金の八割相当額が証券担保金融業者から借りられるので、株式売買代金の二割相当の自己資金があれば、狙った銘柄が買える。つまり、自己資金の五倍の運用が可能になるのだ。

二割が自己資金で、八割が金融業者からの融資資金であることから、こうした証券担保金融業者のことを業界では「二八屋《にっぱちや》」とも言う。

総量規制策で銀行に資金の元栓を固く閉められては、証券担保金融業者のようなビジネスは完全にお手上げである。慌てた金融業者は、今度は自分でも融資先の投資家や仕手筋への貸し付けを停止するばかりではなく、これまでに融資している資金の回収に走るのである。

この融資停止と緊急回収行為は、証券担保金融業者と銀行の関係でもまったく同様であった。つまり、銀行は証券担保金融業者への融資を絶ち、回収に向かったのだ。

一方、投資家からすると、一切の資金融資が停止されたばかりか、今度は朝から晩まで借りたカネの返済請求の電話がかかってくる。金融業者によっては、早急に返済しなければ担保に預かった株券を市場で売却するぞ、と強引な脅し文句まで使う。

もちろん、証券担保金融業者と融資を受ける投資家や仕手筋の関係は、法的には正式な準金銭消費貸借契約に基づく普通の商行為であるから、融資先の投資家や仕手筋から預かった担保の株券を、金融業者側が市場などでみだりに売却・換金するのは、あきらかに違法行為に当たる。

ところが、株券のように担保価値に常時流動性のある場合には、担保価値が何かの事情で目減りしたときに、融資を受けたほうは、その目減り分を直ちに補塡《ほてん》しなければならない決まりがある。その補塡するカネのことを「追加証拠金」と言うが、一般にはこれを「追い証」と言っている。

総量規制の結果、株式相場は轟音《ごうおん》とともに崩れ、連日ストップ安（値幅制限いっぱいの下落）の大暴落となった。つまり融資の際に、投資家から担保に預かった株券の担保価値が毎日激減していくのである。当然そこには投資家に対する追い証が、あらゆる証券担保金融業者間で発生していた。

株券が紙クズに

連日の暴落であるから、追い証は払っても払っても毎日新たに追加発生する。だからといって、投資家は金融業者に対してそうそう追い証ばかり払ってもいられない。理由は投資家の資金が底をついているからだ。そこで投資家は、担保に預けている株券を市場で売却して、借入金を返済するよう金融業者に申し出ることになる。

総量規制によるバブル経済崩壊時のような、相場が極端に暴落する地合い（市場全体の雰囲気）では、こうした場合の売却行為を、「売る」という表現ではなく「投げる」と言っている。すなわち、ある金融業者が顧客から預かった担保の株券を市場で投げると、その銘柄の株価は投げられた分だけ値下がりする。これが需給相場というものだ。この投げを見た他の金融業者が慌てるのは言うまでもない。

少しでも株価が高いうちに、あるいは、まだ株価のあるうちに、金融業者自身が預かっている担保の株券を売ってしまわないと大変なことになる。融資先の投資家が暴落した差損を負担してくれなかったり、借金を苦に自殺や夜逃げでもしたりすれば、相場暴落によるすべての損害を金融業者自身が負担する羽目になるのだ。

こう判断した多くの証券担保金融業者は、融資先の投資家の承諾の有無にかかわらず、大急ぎで担保に預かった株券を市場へ投げ売りするのである。さらにこれを見た他の金融業者も同じ行為を繰り返す。これを相場用語では「投げが投げを呼ぶ」とか

「売りが売りを呼ぶ」と言う。下がるから売る、売るから下がる、という悪循環なのだ。

これは相場の暴落が極限に達したときなどによく発生する現象で、業界の専門用語では「セリングクライマックス」と言っている。セリングクライマックスは、投資家からすると身の毛もよだつ恐怖なのだ。自分の持っている株券が、突如轟音を立てて暴落を始めたとする。しかも、その暴落が止まりそうもないと感じたとき、投資家がどう思うか想像してみていただきたい。

株券という紙片に形を変えた自分の財産が、ものすごい勢いで連日ストップ安の暴落を続けたら、あなたならどう思うだろう。何十年もの間、必死の努力で蓄積してきた株式という名の財産が、突如暴落して紙クズになると感じたとき、あなたならどうするか、想像してみていただきたい。恐怖のセリングクライマックスとはそうした状況を意味する言葉なのだ。

最盛期に六〇〇兆円と称された東証第一部の時価総額は、二〇〇二年末には二四〇兆円ほどに激減し、四万円台目前と言われた日経平均株価は、二〇〇二年にはその五分の一の八〇〇〇円台割れ寸前にまで下落した。これがあの総量規制のもたらした結果なのだ。

債権者と債務者

大暴落で株券の担保価値が激減しているから、担保の株券を売却して貸借を清算すると、そこには巨額の差損が発生する。バブル崩壊の時点で、証券担保金融業者を利用していた多くの投資家は、たとえ小口の投資家であっても、金融業者に対して数百万円から数千万円単位の負債が発生し、大口の投資家の場合だとそれが億単位の負債になる。

証券担保金融業者からの資金融資で仕手戦をやっていたような仕手筋の場合は、バブル崩壊時の仕手戦の崩れによる損害たるや並大抵の金額ではない。金融業者を利用して投資活動を行うのは、自己資金の五倍の運用が可能になるからであるのは先ほども述べた通りである。つまり、二〇〇〇万円を所持する投資家は、一〇〇〇万円相当の株が買える。

では、その時価一〇〇〇万円の株券が五分の一の二〇〇〇万円に暴落したとしたら、その投資家の損金はいくらになるか計算していただきたい。一〇〇〇万円の株が二〇〇〇万円に暴落すると、単純な引き算で八〇〇万円の損害である。しかし、この投資家はもともと二〇〇万円しか資金がないのに、一〇〇〇万円相当の株を買っていたのだから、損金八〇〇万円は金融業者への借金になってしまう。

しかし五倍の投資であるから、最初の段階で自己資金二〇〇万円は入金しているので、八〇〇万円の損金のうちから、自己資金二〇〇万円は差し引かれて、その差額の六〇〇万円が損金として金融業者から請求されることになる。

さらに、株式市況最盛期には八割の融資ではなく、「九掛け融資」と称して、株券の担保価値を九割まで見て、その金額を融資したのだ。

したがって仕手筋で生じた損金は並大抵ではない。少ない仕手筋でも損金は数十億円発生し、中堅仕手筋では数百億円に及んだのは想像に難くあるまい。

この段階で、それまでの金融業者とその顧客という関係は、今度は債権者と債務者という関係に変貌《へんぼう》した。

これと同様のケースは、相場物を扱うすべての業種で起こっていた。商品相場の世界も、ゴルフ会員権ビジネスも同様であった。金額的に大きかったのは、証券業界よりも不動産業界であった。

株価も地価もその値下げ傾向は、いまだとどまるところを知らないのが現実だ。当時は投資対象として人気だったゴルフ会員権などは、今日ではとっくに紙クズと化している。数千万円単位のゴルフ会員権を、銀行の強引な勧めによって、その銀行のローンを組んでまで購入した預金者もいた。しかし、銀行への月々のローン返済は実行不能の状態だ。

バブルの狂騒

そして二一世紀初頭には、多くの銀行が、抱え込んだ未処理の不良債権で瀕死《ひんし》の状態に追い込まれた。株式相場で日経平均を押し下げている最大の原因は、バブル時に市場に異常な資金供給を行っていた銀行株の極端な暴落である。つまり、銀行はバブル期に無謀な融資を行って己の首を絞めていたのだ。

大手町に本店のあるS銀行の幹部Sはバブル当時、一人前が一万〜二万円もする昼メシを毎日平然と食い、夜ごと兜町の仕手人脈とともに、東京・銀座の高級クラブで豪遊を重ねたものである。だが、その銀行幹部Sも、Sとともに銀座を闊歩《かっぽ》した仕手人脈も、いまはその姿を見ない。

一見華やかな高級クラブの乱立する銀座や赤坂界隈《かいわい》で、整形美人ホステスに一〇〇万円の札束をチップに与えていたのは、証券業界の仕手筋の面々であったが、より分厚い札束をまき散らしていたのは、地上げ屋であった。

関西からたびたび上京していた某広域暴力団系仕手筋「コスモポリタン」の総帥I氏はある晩、当時行きつけだった銀座の高級クラブで、彼のテーブルについた一〇名近いホステスの中で、最もお気に入りのホステスには無造作に一〇〇万円の札束をチップに与え、他のホステスたちには、おのおの一〇万円ずつ与えたという。それを見ていたクラブのボーイから聞いた話である。

そしてこの話を聞いた某地上げ屋は当時、鼻先でこれをせせら笑ったと言われている。せせら笑ったのは、お気に入りのホステスへのチップがたった一〇〇万円かい、という意味らしい。

お気に入りの銀座のホステスに、札束のチップを与えたコスモポリタンのI総帥は、その数ヵ月後、新大阪駅のプラットホームに立っているところを、偶然知人に目撃されたのを最後に忽然《こつぜん》と姿を消したが、奇妙なことに、それからざっと一五年たった今日でも彼の姿を見た者はいない。

裏社会筋の情報によると、仕手戦に失敗して組織のカネに大穴を開けたので、その報復処置として、生きたままドラム缶にコンクリート詰めにされ、大阪湾だか東京湾の底に沈められているという。

また、ある暴力団関係の地上げ屋のボスは、銀座の高級クラブで、テーブルについたホステス全員に一〇〇万円の札束をチップに配ったのみならず、テーブル担当のボーイの態度が大いに気に入ったからと、その日乗ってきた真新しいベンツを、そのボーイのチップにやってしまったという。そんな話が珍しくもない狂気の現象、それがバブル経済の産物である。

いまは亡き、都心の某有名ホテルの歳老いたオーナーの場合は、銀座の整形美人ホステスを口説くに際して、「都心にマンションを買ってやる」「ベンツでもクルーザーでも好きなものを買ってやる」などと言うのが決まり文句であった。しかもそれは口だけでなかった。ホステスたちによれば、口説かれたホステスがこのオーナーに身を任せたときには、言葉通りに実行していたという。

本当にお気に入りのホステスで、いくら口説いても首を縦に振らないホステスがいて、どうしてもその肉体を自由にしたい場合には、銀座にでも、赤坂にでも、六本木にでも、好きなところに高級クラブを一軒買い与えることなどは珍しくもなかったともいう。

だが、こうしてカネを湯水のように浪費して、夜ごと豪遊していた金満家連中が、遊び疲れて熟睡し、二日酔いの頭でふと目を覚まして、朝刊紙上に「総量規制」という四文字を見た瞬間、いかに二日酔い頭でも、自分が巨億の債務者に落ちぶれることを瞬時にして悟ったという。

総量規制の日を境に、カネあまり現象に沸いていた日本列島は、債権者と債務者の戦場と化してしまうのである。当時の東京では、かつてカネの動いた至るところで、それも連日、債権者会議が開催された。そこにはさまざまな人間模様が展開されることになる。

おもしろいのは、こうなると債務者のほうが債権者より態度のでかいことである。債権者は何としても、無一文に近い債務者から資金を回収しなければならないが、債務者は払い与える立場なのだ。さっそく第一章で、こうした債権者会議をめぐる悲喜劇をのぞいてみよう。

第一章　恐縮屋――舞台は修羅場の債権者会議

仕手戦崩壊

東京・茅場町界隈《かやばちょうかいわい》のビルの一室を拠点に、数々の仕手戦を手がけていた仕手軍団の総帥M氏は、多くの投資家から集めた資金を元手にするのと同時に、それまでに買い集めてきた株券を担保に、地場の証券担保金融業者からの借入金で仕手戦を行っていた。ところが、問題の総量規制でM氏は仕手資金不足に陥るのである。

資金が不足すると仕手株はたちまち値下がりを始める。これを見た巷《ちまた》のチョウチン筋は、何らかの事情で仕手戦が中止になったか、あるいは仕手本尊は売り抜けたに違いないと判断し、それまでチョウチン買いしていた株の投げ売りに転じるのである。ちなみにチョウチンとは、仕手戦などに便乗して同じ銘柄を売買することを言う。そうすると、ここでも「売りが売りを呼ぶ」の方程式が働いて、売り玉《ぎょく》（玉は株のこと）の数はどんどん増え始める。

当初、次々に出てくる売り玉を買って、株価の値下がりを食い止めていたM氏も、最後には資金力の限界に来てしまい、買い支え不能に陥り、仕手戦は敗北することになる。この時点でM氏の手元には、買い占めと買い支え行為で集めた大量の株式が残ることになる。同時にＭ氏を待ち受けていたのは、その仕手戦に資金協力してきた大口投資家や、証券担保金融業者への巨額の借入金の弁済だけである。

ここでＭ氏が次に行う手段は、仕手戦の敗戦処理である。敗戦処理とは巨額の負債に対する弁済行為のことである。そこでＭ氏は手元にたまった株券を売り払っては、仕手戦に協力した大口投資家への弁済に充てたり、あるいは金融業者の手ですでに市場に投げ売りされたために生じた損金の穴埋めをする。

ところが、Ｍ氏の手元にはすでに資金も株券も何も残っていない。つまりＭ氏は完全に破綻《はたん》状況に陥っている。それまで資金協力してきた多数の投資家や金融業者筋はこれを見て、何としても資金を回収しようと考える。そうして、債権者会議を開くことを思いつく。だが、Ｍ氏にはもう資金面での弁済能力はまったくない。

数々の仕手戦を経て敗戦経験も豊富な総帥Ｍ氏に対しては、惨めな敗戦場面に幾度も遭遇してきた古兵の投資家や、貸金の焦げ付きには慣れている金融業者連中も、おのおの独自の方法で資金回収に臨むことになる。株式市場で起こるさまざまな出来事の中で、仕手戦は非常にドラマチックで興味深い側面が多い。だがさらに興味深いのは、仕手戦に敗れたときに繰り広げられる債権者と債務者の取り立てドラマではなかろうか。

取り立てに不慣れな投資家たちの中には、のこのこ自分で債権者会議にやってくる者も多い。しかし、M氏にウン十億単位の資金を融資していた何社かの金融屋連中は、自分たちではこうした債権者会議に出席せず、資金回収専門家に会議への出席と交渉を任せてしまうことが多い。

資金回収専門家とは、債権者が一般の銀行のような場合には弁護士ということになる。一方、仕手戦のように債務者が海千山千の仕手筋で、債権者のほうもまた海千山千の証券担保金融業者ともなると、そこに登場する資金回収専門家とは、すなわちヤクザまがいの、コワモテのする取り立て屋のお兄さんたちである。

こうした債権者会議の大半がそうなのだが、M氏の仕手戦崩壊劇でも債務者の仕手筋総帥M氏は、債権者会議に至るまでに幾多の債権者たちとの連日連夜の対応で、精神的にも肉体的にもすっかり疲労困憊《こんぱい》しており、ほぼ無気力状態になってしまっている。残酷にも、そんな状態のままで、M氏はそうした債権者たちとの債権者会議の席に臨むのである。

怒号飛び交う債権者会議

まだ債務者側がだれも出席していない債権者会議の会場では、自ら債権者と称する柄の悪い連中が、口々に債務者であるM氏の悪口雑言を、大声でわめくなり口走るなり、勝手放題に騒いでいる。

「オレの買った〇〇株は半値以下に暴落しているぞ！　評価損は一億円以上になってるんだ。この損はどう始末してくれるんだ！」

「ウチで融資した、一五億円はいったいどうなるんだ！　担保の株券はとっくに売却処分にした。それでも差損が二〇億円以上出ているし、金利だって全然もらってないんだ！　お前らはウチの会社をつぶす気なのか。とにかくすぐにカネを払え！」

「お前らがワシに及ぼした損害は、お前の命に代えてでも穴埋めしてもらうぞ！」

「ここでお前の指一本、腕一本たたき落としてもしょうがねえんだ。とにかくゼニをつめろや。受取人こっちで、お前ら全員が三億円の生命保険に入ってから、交通事故で死んでくれるとありがたいんだが、明日にでも保険屋を連れてくるからな。ええ、どうなんだ？」

「電話で尋ねたら、あんたたちが今度の仕手戦は絶対に失敗しないって言うから、私は娘の嫁入り資金を全額、今度の仕手株につぎ込んだんだよ。仕手戦の失敗で私は大損をさせられたんだ。損金は絶対に弁償してよ」

こんな怒号が、まだ債務者M氏の来ていない、債権者会議の会場に飛び交っている。そのときである。そこへ悄然《しょうぜん》として現れたのは総帥のM氏である。M氏は会場に現れると、債権者たちとは顔を合わせることもなく、いきなり債権者たちの前にひざまずいて蚊の鳴くような小声でこう言う。

「このたびは不本意ながらも仕手戦の失敗で、皆様方には多大なご迷惑をおかけしてしまい、本当におわびの言葉もございません。私が今回の仕手戦の責任者Mでございます。

本当におわびの申しようもございません。ですから私としては、お許しくださいなどとは絶対に申しません」

M氏は涙声に、ただそれだけを言うと、それまでのひざまずいた姿勢から、今度はその場の床に額を押しつけた土下座の姿勢になる。いきなりこれを見せつけられた、債権者を自任するコワモテのお兄さん方も、またその他大勢の債権者たちも、思わず次に罵倒《ばとう》する言葉を失ってしまう。

土下座姿勢のM氏は、無言のままに土下座の姿勢を崩さない。M氏はどうやら土下座のまま泣いているらしく、その肩は小刻みに震えている。そして大粒の涙が、その場の床にポタポタと流れ落ちる。この様を見た会場には一瞬の静寂が走る。

だがその場に来合わせた債権者たちは、M氏がいずれ土下座をやめて何かの行動を起こすか、それともM氏が債権者たちに与えた経済的損失の具体的な弁済方法の話が出るものと期待している。だが土下座姿勢のM氏は微動だにしない。無言のまま土下座の姿勢は一〇分、二〇分、そして三〇分と続く。

プロの演技

やがてしびれを切らした債権者の一人が「黙ってないで何とか言え」と、土下座中のM氏の頭から大声で怒鳴る。しかしM氏の姿勢にまったく変化はなく、依然無言のままである。債権者の一人が土下座中のM氏の後方に回り込み、「この野郎、てめえわれわれを愚弄《ぐろう》する気か」とM氏のケツのあたりを思いっ切り革靴でけりつける。それでもM氏は依然無反応である。

別の一人が土下座中のM氏に近づき、やはり履いていた革靴の先端で、M氏の腹部あたりをけり上げる。けられた反動でM氏はのけぞったものの、次の瞬間には再び無言の土下座の姿勢に戻っている。

これを見たコワモテのするヤクザ風の男の一人が、「ナメるんじゃねえ、この野郎!」と言うと、そばに置いてあった比較的大きな陶器の灰皿を、力一杯M氏に向かって投げつける。灰皿は空を切り、土下座しているM氏の頭部に命中する。頭皮が裂けて真紅の鮮血が周囲に飛散する。

しかしM氏はそれでも、土下座の姿勢で無言のままに耐え忍んでいるのである。この凄惨《せいさん》な場面を見た債権者の中には無言で会場を去る者も現れる。中にはヤクザ風の男に向かって「債権者会議はリンチじゃないんだよ。暴力を振るったら刑事事件になるじゃないか。こうなったらもう債権者の敗北だ」と言って、会場を去る債権者も出現する。

頭部から流血しながら無言で続けられた土下座はすでに一時間を経過していた。やがて土下座の姿勢が二時間に達しようとしたころ、債権者たちは一人、また一人と無言で会場から立ち去り始める。中には土下座中のM氏に励ましの言葉を投げかけて、その場を立ち去る債権者さえ出たのである。しかしこの土下座は、M氏の考え出した「無言の土下座による債権者撃退作戦」だったのである。

こうして最後の債権者が債権者会議会場を立ち去ってしばらくすると、会場の裏手に通じる奥のドアが開き、そこから恰幅《かっぷく》のいい一人の紳士がガランとした会場に入ってくる。そしていまだ土下座中のM氏に近寄ると、軽くM氏の肩をたたきながら言う。

「債権者連中は全員帰ったから、もうだれもいないよ。土下座はもういいよ」

だが土下座中のM氏はピクリとも動こうとしない。奥から現れた紳士は、今度はやや強くM氏の肩をたたくと再び言う。

「あんたね、もう土下座はいいんだよ。債権者会議は終わってるんだ」

男の声が聞こえたのか、聞こえなかったのか、M氏はゆっくり土下座をやめ、顔を上に向けると、奥から現れた男に言う。

「Mさんの代理の演技も楽じゃないよ。こづかれたり、けられたりだからね。今回は頭を切ったし、どうやらタンコブもひどいな。畜生、やけに痛みやがるぜ！」

それを聞いた紳士は言う。

「頭の傷は大丈夫なのか。早く医者に診せたほうがいいんじゃないの？　それにしても、あの土下座の演技は一流だ。涙を流して肩で泣いてみせるところなどはアカデミー賞ものだったよ。さすがプロだね」

つまり、この土下座男は債権者たち相手に、謝罪の演技を披露して債権者に債権をあきらめさせる「恐縮屋」だったのだ。そして最初に土下座中のM氏の尻《しり》を、革靴でけった債権者こそ、この恐縮屋の仲間のサクラであった。サクラ男はM氏なる人物に向かって言う。

「今回の債権者会議では、債権者たちに頼まれてやってきた、プロの取り立て屋稼業の連中が少なくて助かったよ」

そしてそのサクラ男は、債権者が全員帰ったあと、奥から出てきた紳士に向かって言う。「Mさんの代理をやった兄貴は、頭から血まで流してるんだ。代金はちいと高いよ」

必要なのは知性!?

ところで、会場から債権者たちが立ち去ったあと、会場の奥のドアから姿を現した紳士がいる。実はそれが仕手筋のM氏その人だったのである。そして債権者たちの前で土下座をして謝っていた男、こっちの人物こそが、裏ビジネスの世界で言う恐縮屋だったのだ。

バブル経済崩壊直後には、債権者たちと対決する恐縮屋はあちこちで見られたものである。恐縮屋が活躍するのは、たとえば、仕手筋総帥が株式相場の仕手戦で失敗して大勢の投資家や金融業者に追い詰められた場合や、あるいは町工場や中小企業などが不況のあおりで倒産したような場合の債務者代行のように、その活躍の舞台は比較的マイナーな場所が主であった。

その理由は、マイナーな舞台こそ、倒産に際してプロの取り立て屋たちが出没する絶好の場所だからである。ここで言うプロの取り立て屋とは、だいたいがコワモテのするヤクザ者のことである。上場企業や準上場企業などの倒産の場合だと、そこには顧問弁護士などが最初から介在していて、とても取り立て屋などの入り込む余地はない。したがって恐縮屋などが活躍するのも、やはり取り立て屋たちが現れるマイナーな舞台ということになる。

元来、パクリ屋（現金や物品などを騙《だま》し取る詐欺師のこと）たちが自己防衛策として育成したのが恐縮屋である、という説がある。彼らが計画倒産などで荒稼ぎを終えたあと、押しかけるヤクザの取り立て屋と対等に渡り合うために、ヤクザ者の中から人選して育成したというわけだ。

恐縮屋の誕生については興味深いもう一つの説もある。

それは、比較的経済が平穏で倒産やパクリの少ないころ、取り立て業にあぶれたヤクザ者が、それならむしろ債務者側について、取り立て屋を追い払うビジネスをやろうと考えたのが最初だった、という説である。恐縮屋はヤクザを相手に丁々発止と渡り合う仕事だけに、恐縮屋になるのもまたヤクザ者というのは必然だろう。

債権者会議では、ときには刃物を振り回す凶暴な債権者も珍しくないので、恐縮屋がケガをすることもたびたびである。したがって、こうした殺伐とした状況に対応し得るのは、やはりヤクザ者という理屈なのである。

それでは、命知らずでさえあれば、だれもが恐縮屋稼業を開業できるかというと、必ずしもそうではない。債権者会議とは、もともと合法的な商行為の一端であり、命知らずのヤクザ者が活躍する要素はまったくないのが普通である。むしろ、そうした債権者会議では最低限の法律知識こそが必要とされるのだ。

前出の土下座専門の恐縮屋のように、無言の黙秘を武器とする恐縮屋もいれば、中には債権者会議で巧妙な話術を駆使して債権者と話し合い、以後の交渉を優位に導くという優れたテクニックを持った、示談屋的活躍をする恐縮屋もいる。

こうなると恐縮屋とは、ヤクザ者のビジネスどころか、知的職業の一種と見ることもできる。

たとえば、債権者側の取り立て屋が債権者会議の席上で、恐縮屋に対してありもしない悪口雑言を浴びせたり、暴力行為に及んだりすると、名誉毀損《めいよきそん》や暴行・傷害などの低次元な刑事事件になり、とうてい債権者会議どころの話ではなくなってしまう。

会場がそんな事態に陥ると、パトカーがやってきて債権者会議などはあっさり流れてしまう。こんなケースでは、懸案の債権などは取り立て不能になるのが普通である。

実際、恐縮屋も取り立て屋も暴力団関係者が行うケースが多く、債権者会議の席上などで、たまたま普段から敵対する暴力団関係者同士が顔を合わせた場合など、文字通り流血騒ぎになることもしばしばなのである。

依頼者が食い物にされる

これは一九八七年に、東京・兜町《かぶとちょう》界隈で実際に起こった話である。巨額債務を抱えたある仕手筋の債権者会議で、そこに来ていた債権者代行のヤクザ者が、仕手筋の言動に立腹して、その仕手筋総帥の顔面を拳《こぶし》で強打する事件があった。この仕手筋の男は、そのヤクザ者を代理に送った債権者に電話連絡を入れて、直ちに警察に訴えると告げたのである。

ヤクザ者を送った債権者側はそれを聞き、慌てふためいた。そして数億円という巨額債権の放棄を条件に、警察への告訴を取りやめるよう懇願した。警察の介入を嫌う何らかの事情が、ヤクザ者を送った債権者側にはあったようだ。

この債権者のように、やたらに暴力を振るうヤクザ者を代理に立てるのも考えものだ。判断力を欠いた取り立て屋を雇ったばかりに、この債権者はみすみす数億円もの債権を、涙を飲んで放棄せざるを得ない結果になったのである。経済的に助かったのは、殴られた仕手筋総帥のほうである。ただし、暴力の被害に遭ったこの男はその後、殴られた片方の目が白内障に冒され、まもなく失明した。

債権者会議のような修羅場を幾度もくぐったような老練な恐縮屋は、債権者側を故意に怒らせて債権者会議を混乱に導き、会議自体をつぶしてしまう。昨今のようにわずかばかりのカネのために、簡単に殺人を犯すような社会的風潮では、巨額資金がからむような債権者会議ともなれば、血みどろの闘争が繰り広げられて当然なのだ。

一九九〇年のバブル経済崩壊以降、年を追うごとに中小企業の倒産や、その経営者の夜逃げは増加の一途をたどっている。当然、取り立て屋は大繁盛を見るのだが、同時にそうした取り立て屋に対抗する恐縮屋も繁盛するのは当然だ。しかし、これらの取り立て屋や恐縮屋が、全国でどの程度存在するか、具体的な数字は藪《やぶ》の中である。

恐縮屋の中には悪知恵の働く連中も非常に多い。計画倒産などでその犯人が相当額の金品を隠匿して倒産したようなケースでは、債権者側もうすうすそれを察して、何とか隠匿された金品を回収しようと債権者会議で争うことになる。そして、そこには恐縮屋にとって大儲《おおもう》けのチャンスが転がっているのだ。

債権者会議に臨んだ恐縮屋は、その債権者会議の債権者側の言動や、恐縮屋に仕事を依頼した倒産会社の経営者の言動から、倒産前に相当額の金品を隠匿したことに、おおよその見当をつけてしまう。そこで恐縮屋は債務者に対し、さも味方であるがごとく振る舞って、隠匿した金品の金額や隠し場所などを、巧みに聞き出してしまう。

そして次の瞬間、この恐縮屋はたちまち凶暴な恐喝屋に変身するのである。

「隠匿した金品の半分をオレによこせ！　もしよこさなければ、債権者たちにお前の隠匿した金品の金額も隠し場所も知らせてしまうぞ。そうなると、お前はそれを取り上げられて無一文になる。それにお前の計画倒産がばれると、詐欺罪で刑事告訴されて社会的に抹殺されることになるんだ。それが嫌なら隠匿した金品の半分をオレによこせ」

こうもすっかり手の内をのぞかれては、債務者は結局、恐縮屋の要求を受け入れるしかない。恐縮屋という裏ビジネスは、しょせんは一匹狼のヤクザ者や、あるいは暴力団の構成員たちが、副業的に行う場合が大半のようである。したがって、あくどい恐縮屋が、隠匿した金品の半分どころか、それらを全部巻き上げてしまうケースもある。

だからといって、弱点を握られ、恐喝された依頼者は、詐欺罪という罪を犯しているのだから、自ら警察に泣き込むこともできないのだ。つまり恐喝屋に変身した恐縮屋が、倒産会社から恐喝罪で警察に訴えられる心配のないのが、この恐喝のおいしいところなのだ。

恐縮屋が、仕事の依頼者の隠匿した金品を奪うのと同じことは、最近では取り立て屋と債権回収依頼者の間にも多発している。特にもう一〇年も前から施行されている暴力団対策法と長期不況の影響で経済的に追い詰められている各暴力団の構成員たちが、依頼された債権回収業務で回収を終えた資金を着服してしまうケースは、最近は非常な増加傾向にある。

しかも、ここに述べた恐縮屋の恐喝のケースでも、一方の暴力団に依頼した債権回収業務でも、依頼者側ではそうした資金を着服されたからと訴える先がない。警察に泣き込んでも、暴力団なんかに頼むほうが間違ってると言われるのが落ちだ。

マッチポンプでひと稼ぎ

一九八〇年代のバブル経済当時、株式業界のみならず広く社会問題にまで発展した「投資ジャーナル事件」という、悪徳投資顧問業者の起こした大規模な詐欺事件をご記憶だろうか。この事件の首謀者は、当時まだ三〇がらみの中江《なかえ》滋樹《しげき》という男であった。事件の舞台となったのは、東京・兜町のビルの一室である。

当時のマスコミの報道によると、彼が日本国中の投資家たちから詐取したカネの総額は四〇〇億円であったと聞く。中江の詐欺の模様は週刊誌にまで頻繁に書き立てられ、見かねた警察もついに捜査に乗り出すことになるのだが、これに身の危険を感じた中江は、ある日のこと東京から忽然《こつぜん》と姿をくらましてしまう。

そして、この逃亡先に関しては海外逃亡説まで出るのだが、結果的に中江は日本国内で逮捕され、その逮捕に至る経緯がまたいろいろとマスコミで報道されることになる。ところが、実は逮捕ではなく、自首だったという話もある。中江は自分の居所を自ら最寄りの警察に電話して、自首同然の形で逮捕されたと、当時の投資ジャーナル関係者の一人が話していたのだ。

中江が自ら自分の隠れ家を警察に明かして逮捕されるに及んだのは、彼が詐取した数百億円のカネを狙って、彼を日夜追い回す暴力団関係者の魔の手から逃れるためだったというのである。ちなみにこのとき、いくばくかの報酬と引き換えに中江を追い回す暴力団関係者から中江を守るという、いわばボディーガードを申し出る暴力団関係者も現れている。

当然、中江はその暴力団関係者に相当額の報酬を支払い、ボディーガードを依頼するのだが、ここでも奇妙な事態が発生したという。中江を追い詰める側のヤクザ者と、ボディーガード役のヤクザ者が、中江の目の届かない裏側でひそかに通じ合って、巧妙に中江からカネを搾り取る作戦を立てたのである。

つまり、中江を追い詰める暴力団関係者は、彼のボディーガード役のヤクザ者にこう言う。

「いくらの報酬で中江に雇われたのか知らんが、どうせたいした金額ではないだろう。それよりもオレたちと手を組んで中江を脅し上げて、たっぷりとゼニを搾り取ろうじゃないか。

そして、そのゼニをお前らとオレらで半分ずつ山分けしたほうが、少々のボディーガード料をもらうよりも、はるかにおいしいんじゃないか」

そうボディーガード連中を誘うのである。少々のカネで雇われたボディーガードの暴力団関係者が、この話に飛びつかないはずがない。そして中江を追う暴力団関係者とひそかに手を組んでいるボディーガード連中は、あるとき中江の耳元でささやく。

「そこまで追ってきている関西の組の連中は、ゼニのためなら殺しも平然とやる連中ばかりですよ。ヤッパ（刃物）どころかチャカ（拳銃《けんじゅう》）だって持ち歩いてるんだ。オレらだってあんたを守り切れるかどうか、こうなると自信がない。

ここは、ある程度のまとまったゼニを払ってやって、無難に話をつけるのが、殺されない最良の方法ではないか」

耳元でこうささやかれて、中江はゼニを払わされる立場に追い込まれるのである。

これを頻繁に繰り返されると、さすがの中江も彼らの計略に気がつく。そして身の危険さえ感じた中江は、たまりかねて警察にＳＯＳの電話を入れ、無事に逮捕された、というのが投資ジャーナル関係者の証言である。

このケースでも、脅すヤクザ者と中江のボディーガード役のヤクザ者は、マッチポンプでひと稼ぎしている。マッチポンプとは、火をつけるマッチを演ずる役と、火を消すポンプを演ずる役を、自分一人か、もしくは仲間と組んで行うことだ。そして、発火しては困る立場の者から消火代をせしめるという、恐喝者にはおなじみの脅しのテクニックである。

つまり頼りになると思った恐縮屋でも、うっかり悪質なのにひっかかると、恐縮屋の仕組んだ自作自演のマッチポンプのワナにはまってしまう。苦労の末に計画倒産までやって稼いだ金品も吐き出す羽目に追いやられてしまうことになるのだ。

ところで、恐縮屋に支払う恐縮料の相場であるが、依頼時に払う着手金も含めて、一般には債務額の二〇～三〇パーセントというのが普通のようである。しかし債権者会議が大荒れに荒れて、恐縮屋がケガを負わされるなどした場合には、ケガやトラブルの度合いに応じて、別途特別手当が支給されると聞いている。

第二章　二八屋《にっぱちや》——強欲投資家が陥る「五倍投資」のワナ

親ガメこけたら皆こけた

「二八屋」とは「ニッパチヤ」と読む。この稼業に関しては、株の世界では相当以前からおなじみの職業である。しかしながら、一般にはまだまだ知名度の低い裏稼業のように思える。そこで、プロローグでも簡単に触れたが、まずは仕事の内容から説明しておく。

株式相場の世界には、証券担保金融業者なる金融会社が存在する。不動産担保融資、手形割引屋、サラ金などさまざまあるマチキン（街金）の一種であるが、証券担保金融業者は通常、株券を担保にして投資家に資金を融資する。この証券担保金融業者のことを証券業界では二八屋とも呼んでいる。

証券担保金融業者は融資の際、一部上場銘柄であれば、その株券を担保に時価の八割相当の金額を融資する。したがって、投資家は買いたい銘柄のわずか二割相当の自己資金さえあれば、欲しい株が買える。そういう便利なシステムなのだ。投資家の自己資金が二割相当額で、証券担保金融業者の融資が八割相当額であるところから、証券担保金融業者のことを二八屋と呼ぶようになった。

もちろん、担保の株券が二部上場銘柄やジャスダック（店頭市場）銘柄、あるいはその他の銘柄であっても、上場銘柄でさえあれば、その金融屋と融資掛け率の交渉をして、資金融資が受けられる。ただし、彼らの金利は決して安くはない。株価は変動性が高く、突然の暴落などで担保価値が激減する可能性が大きいからであろう。

しかし、その二八屋も、バブル経済の崩壊が原因で、そのほぼ九〇パーセント強が消滅してしまった。

至るところに存在するマチキンのように小粒な弱小金融業者は、「親金融業者」が何かの事情で倒産してしまうと、簡単に親金融業者と同じ運命をたどったりする。

ここで弱小金融業者と親金融業者について説明しておこう。

弱小金融業者が顧客に融資する資金は、必ずしも自己資金とは限らない。むしろ融資する資金の大半が、銀行や生命保険会社、またはそれら系列下の金融業者、つまりは親金融業者から融資を受けたものの又貸しである。融資を受けた資金に金利を上乗せして再融資し、金利のサヤを稼ぐ――。それが通常の資金流通形態である。

またマチキンのような小規模業者が親金融業者から融資を受ける際には、自分の担保だけでは不足するので、どうしても一般顧客から預かった担保の株券を、親金融業者への担保として再利用する場合が多い。こうしたケースを金融業界では「再担保につなぐ」と表現している。

バブル経済崩壊時には、日本列島全体が資金難状態に置かれていたから、一般顧客を相手に融資するマチキンなどの弱小金融業者は苦境に立たされ、親金融業者に対する元金返済や金利支払いが遅れがちになる。そのあおりで、同様に苦しくなった親金融業者もまた、マチキンなどから預かった担保、つまりマチキンなどが再担保につないだ株券などを勝手に売却処分するケースが頻発する。

そして、親金融業者がつぶれた場合には、弱小金融業者が親金融業者に再担保に預けた株券が戻ってこなくなり、弱小金融業者もつぶれてしまうのだ。

資金の最終ユーザーである一般顧客には何ら落ち度がないのに、マチキンに預けた大切な財産である担保の株券が、知らない間に消えてしまうのだ。そうしたトラブルが、バブル崩壊時には金融業界の至るところで発生した。バブル経済の崩壊は、金融業界にさまざまなひずみを生んだのだ。

以上の部分をよりわかりやすく、簡潔に説明すると、バブル経済崩壊時には「親ガメこけたら皆こけた」という連鎖反応的現象が金融業界を襲ったのである。金融業界における親ガメ的存在が日本銀行であり、子ガメとして仲介業者の銀行やマチキンなどが介在し、最後の孫ガメ的存在が一般借り主である。

そんな事情から、二八屋の大半が壊滅状態に追い込まれた。食い詰めた二八屋は、証券担保金融の業態をまねして、株式を買う際に投資家の用いる自己資金「二割」の部分を、姑息《こそく》な手段で詐取する裏ビジネスを考案することになる。それが今回ここで取り上げる、パクリ専門の「インチキ二八屋」なのである。

夢のような倍々ゲーム

彼らインチキ二八屋が投資家から資金を詐取する手口を具体的に説明しよう。

たとえば、「あなたの投資資金を五倍に運用して、儲《もう》けも五倍にしませんか」などと、だれにでも大儲けできそうで、いかにもおいしそうな文面の広告を、業界新聞などに相当額の広告資金を投じて連日掲載するのである。それを見た投資家から電話でこんな問い合わせが来る。

「私は手元に一〇〇〇万円の投資資金があるのですが、それを今朝の新聞広告にあったように、五倍に運用するにはどうすればいいんでしょうか」

するとインチキ二八屋は、待ってましたとばかりにこう答える。

「その資金で、あなたが一〇〇〇万円相当の株を買って、仮にそれが一割値上がりすると、一〇〇万円儲かりますよね。それはだれしもが行う普通の株式投資方法です。ところが私どものシステムでは、あなたのお手元の投資資金一〇〇〇万円を五倍の五〇〇〇万円で運用しますから、株価が一割上がると儲けのほうも五〇〇万円になります。

それが、あなたの資金を五倍で運用して儲けも五倍にするということなんです。普通の投資方法だったら、一〇〇〇万円の投資で二割値上がりしても、儲けはたったの二〇〇万円ですが、私どもの投資方法だと、儲けのほうも、なんと一挙に一〇〇〇万円に跳ね上がるんです」

こうもおいしい説明を聞かされて、欲の深い投資家が興味を持たないはずがない。

そこで投資家は、そのインチキ二八屋にこう尋ねる。

「ですから、いったいどうすれば資金を五倍で運用できるんですか」

ここまで来ると、この投資家はすでにインチキ二八屋の仕掛けたワナに落ちたも同然である。インチキ二八屋は投資家の問いに落ち着いてこう答える。

「それはだれにでもすぐにできる簡単な方法なんです。それにはまず、あなたがこれと思う銘柄を五〇〇〇万円相当買います。しかし、あなたの投資資金は一〇〇〇万円しかありませんから、証券会社への株式売買代金の五〇〇〇万円は払えません。

そこで、その五〇〇〇万円相当の株券を担保に、私どもの会社はその八割相当額の四〇〇〇万円を、あなたにご融資させていただくんです。私どもでご融資した四〇〇〇万円に、あなたのお手元の投資資金一〇〇〇万円を加えていただいて、合計五〇〇〇万円にします。

その五〇〇〇万円を、証券会社への株式売買代金の支払いに充当していただくというのが、私どものような証券担保金融業者の仕事なんです。

そして、その五〇〇〇万円相当の株が、仮に二割値上がりすると、五〇〇〇万円の株は六〇〇〇万円の価値になります。あなたがそれを売却すると一〇〇〇万円儲けたことになります。結果的に、あなたは一〇〇〇万円の元手で、一〇〇〇万円を稼いだことになるんです。簡単に言い換えると、あなたの資金が一挙に倍額に増えた計算になるんです。

その二〇〇〇万円に増えた資金があれば、私どもは五倍投資ですから、次の投資では一億円分の株が買えます。それがまた二割上がると儲けは二〇〇〇万円ですから、たった二回の売買であなたの最初の投資資金一〇〇〇万円は、四〇〇〇万円に増える計算です。

おわかりのように、これは夢のような倍々ゲームなんです。この倍々ゲームを七回繰り返しますと、ご自分で計算してもおわかりのように、最初の資金の一〇〇〇万円は、驚いたことに一〇億円を超えてしまうんです。

しかも、それが二割の値上がりではなく、仕手株などのように一挙に五割も上がったとすると、あなたの儲けは最初の取引で一挙に二五〇〇万円なんですよ。五倍投資だと、わずか一〇〇〇万円の元金で二五〇〇〇万円稼げるのが普通なんです」

殺し文句でとどめを刺す

この夢のような、聞いただけでよだれの出るおいしい話を聞いて、投資家は五倍投資に飛びつく。焦った投資家は、金融業者にこう尋ねる。

「ですから、具体的にどうすればその五倍投資が可能になるんですか」

カモの投資家のこの質問に、インチキ二八屋はこう答えるのである。

「何も難しいことなんかありませんよ。それには、あなたのお手元にある投資資金を、ただ私どもの銀行口座にいったん移し替えていただくだけでいいんです。その資金が着き次第、私どもは移していただいた金額の五倍の範囲で、あなたのお好きな銘柄を、あなたのご指示に従って買わせていただきます。

なぜ私どもの口座に資金を移していただくかというと、あなたが買った銘柄の株券は、五倍投資で八割融資させていただく際の、担保になるからなんです。ご存じのように、われわれ金融業者は何か担保がなければご融資は致しません。

利食い売りについても、買うときとまったく同様に、あなたの売り指示に従って、私どもがその銘柄の売りを代行させていただきます。そして、儲けのたっぷり乗った売却代金を、お送りいただいた最初の元金ともども、あなたのご指定の銀行口座に送金させていただくんです」

自分の資金を金融業者の口座に送金することに不安と抵抗を感じた投資家が、電話口で躊躇《ちゅうちょ》しているのを敏感に察すると、インチキ二八屋は追い打ちをかけるように、とどめの殺し文句を言う。

「私どもは証券担保金融という職業柄、地場筋や仕手筋の方々、大勢のプロ投資家の方たちとも常日ごろから、身内同然の親しいお付き合いをしていただいております。ですからワケありの急騰確実な銘柄や、新しい仕手株情報も毎日入ってくるんです。私どもは、もちろんそうした特別な情報も、五倍融資のお客様には無償で提供させていただいているんです。ですから、私どものお客様は例外なく皆様お金持ちになられています。それに私どもはお客様方のご氏名やご住所を外部には絶対に伏せていますから、お客様がいくら儲かっても税務署にマークされるなんてことは絶対にございません」

ほかにも投資家に対する殺し文句は際限なく用意されているのだが、要するにそれらの殺し文句は文字通り、投資家殺しの甘いセリフなのだ。投資家は巧みに自分の強欲につけ込まれて、つい手元にある虎《とら》の子《こ》の投資資金を、こうしたインチキ二八屋の銀行口座に送金してしまうのである。もちろん、いったんインチキ二八屋の銀行口座に入った資金は、二度と投資家の手元には戻ることはない。

なぜなら、彼らは単に金融業者を装ったパクリ専門の詐欺師だからである。外見はいかにも善良な証券担保金融業者の衣服をまとった詐欺師連中なのだ。

詐取成功の瞬間

インチキ二八屋が投資家から送金された資金を返さない口実はさまざまである。そのインチキ二八屋が暴力団関係者の経営するところだと、投資家が資金返済を求めても、脅し文句で投資家を黙らせてしまう。投資家が警察に泣き込んだりすると、「暴力二八屋」はさっさと事務所を畳んで逃亡してしまう。

ごく普通の詐欺師が経営するインチキ二八屋では、投資家が投資資金の二割相当額をインチキ二八屋の銀行口座に送金して、自分の買いたい銘柄を注文すると、その段階では快くその買い注文を引き受ける。

もちろん、本当に株なんか買わない。買ったふりをして、即座に私製の売買報告書を、投資家の手元に送付するのである。その報告書を見た投資家のほうでは、自分はその株を買ったものとすっかり信じ込んでしまう。

インチキ二八屋での株式売買とは、お察しの通り、競馬や競艇の世界でよくある法律違反のノミ行為と同様のものである。投資家の注文する株式売買は実際には行われない。架空の株取引なのだ。いわば小学生の株の勉強と同じで、見せかけの株式相場ごっこなのだ。

問題が起こるのは、たまたまその投資家が架空に買った銘柄が値上がりしてしまって、利益が乗ったときである。利益の乗った時点で投資家がインチキ二八屋に対して、その銘柄を利食いして送金してくれなどと要求したら一大事である。インチキ二八屋は事実上、株を買っていないのだから、利食いをすることは不可能だし、万が一にも投資家が、利食いしたカネを元金といっしょに送り返してくれなどと言ったら、インチキ二八屋は大損してしまう。

そこでインチキ二八屋はそれを防ぐ意味で、巧みな二枚舌を駆使する。素早く次のおいしそうな推奨銘柄をまくし立てて、強引に買わせてしまうのである。もちろん、これも架空取引である。そして、たまたまここでも株が値上がりして利益が乗ると、再度次の銘柄の架空取引に誘い込む。

これを繰り返すうちに、架空に買わせた銘柄は往々にして暴落する。投資家には架空に買わせてあるのだが、暴落は株式市場で実際に起こっている現実である。暴落の事実は、証券会社で尋ねても、経済新聞紙上でも、容易に確認することができる。当然投資家の架空の買いには、架空の損金が発生する。本当におもしろいのは、実はここからだ。

インチキ二八屋を通じた架空の株式売買では、インチキ二八屋による架空の五倍投資が行われており、投資家の出した売買資金は、あくまでも注文した銘柄の二割相当額でしかない。では、投資家がインチキ二八屋で架空に買った株が大暴落したとしたら、その二割はどうなるのかについて、ここでよく考えていただきたい。

その二割相当額の資金は、株が二割程度も暴落すると、架空売買のうえでは消えてなくなってしまうことになる。ここで架空の損金が発生する。だが、投資家が送金した二割相当額の資金は、とっくにインチキ二八屋がごちそうさまとばかりに着服してしまっているのだ。

株価が暴落すれば、投資家は、自分で送金した資金が暴落で消えてなくなったことを認識させられる。つまり、投資家が自分は大損をしたということを思い知らされる。これは、インチキ二八屋にしてみれば、投資家の送金した株式売買代金の二割相当額の詐取に成功した瞬間なのだ。

「全国の投資家連中から数十億円とか数百億円を詐取するのは朝メシ前のことなんだ。しかも、必要な仕掛けはチンケな事務所と電話一本だけ」とは、ある古参のインチキ二八屋のセリフである。

二八屋には人材がいっぱい

一九九〇年春、日本政府の行った総量規制によるバブル経済の崩壊は、証券業界に資金不足を招いた。業界は突然「冬の時代」にたたき込まれたのである。このころから証券業界で働いていた一七万人の証券人口は、激減し始める。

そしてバブル経済の崩壊から、五年も経過した一九九〇年代の半ばになると、証券業界はマスコミから「極寒《ごっかん》の氷河期」と形容されるようになる。だが実際には、氷河期などではなく、「地獄」と言っていい状態になっていた。一七万人と言われていた証券人口も、やがて一〇万人をも割り込んでしまうのである。

そしてこのころから、東京・兜町《かぶとちょう》や大阪・北浜の地場筋には、インチキ二八屋が大量に発生し始める。

バブル経済最盛期の一九八〇年代には、東京・兜町界隈《かいわい》のオフィスビルに事務所を構えようと、その周辺の不動産屋を訪れても、鼻先でせせら笑われるだけで、まったく相手にされなかったものである。当時はそれほど事務所の需要が多く、事務所の相場もウナギ登りだったからだ。

それがバブル経済の崩壊後、貸し事務所の相場も暴落の一途をたどり、オフィスビルは「空き室」だらけとなった。バブル経済時代に毎月の家賃が二〇万円だった東京・水天宮《すいてんぐう》界隈の貸し事務所も、半額の一〇万円に値下げしても借り手が一向につかないと、ある不動産業者は言う。

資金不足で株式投資資金にも事欠く投資家の群れ。借り手がなく値下がりの激しい貸し事務所。つまり、こうした証券業界や不動産業界の事情が、詐欺師集団であるインチキ二八屋を大量に増殖させたのである。

読者諸君は、こうしたインチキ二八屋で働いている人種なんて、きっと詐欺師ばかりだと思うかもしれない。しかし、そこに働いているのは、実は極めて普通の人間ばかりなのだ。

たとえば、証券業界の氷河期突入により、まるで稼げなくなってしまった元証券歩合外務員。あるいは人減らしの犠牲になってクビを切られた証券マン。売り上げ激減で仕事のなくなった業界紙の記者。普通の証券担保金融業者で働いていた社員。こうした人材が、一斉に悪の世界に滑り込んでいくのである。

彼らは元来証券業界で働いていた人材だけに、株式相場関連の知識は普通の投資家よりはるかに豊富である。したがってインチキ二八屋に転業したとしても、就職したその日から顧客相手に株式相場の講釈ができる。彼らを採用するインチキ二八屋側からすると、インチキ二八屋特有の騙《だま》しのテクニックを教え込むだけで、即日便利に使える好都合な人材群なのだ。

投資家の欲得に巧みにつけ込む、いくつかの殺し文句さえ覚えてしまえば、初日から投資家の資金を詐取することができる有能な人材ばかりなのだ。株式市場が昨今のような不況になると、そうした人材が失業状態に追い込まれる。したがってインチキ二八屋に人材不足はあり得ない。

一方、投資家側の事情を見ると、相場の地合い（市場全体の雰囲気）が最悪の状態がかれこれ一〇年以上も続いていて、いささか焦りぎみの投資家が多い。日本全体に激しい不景気風が吹いているから、投資家たちの本業のほうは一向に思わしくない。商売が儲からないばかりか、預貯金もみるみる減っていき、ぼやぼやしていると借金が増える一方だ。

そうした状態に置かれた投資家たちは、寝ても覚めても、昔大儲けした相場のことが忘れられない。そんな折、株式業界新聞の「急騰銘柄情報無料提供」とか「五倍投資で大儲け」などの活字を見たら、これは何か怪しいと疑いつつも、つい引きつけられてしまう。そして五倍投資というインチキ二八屋の仕掛けたアリ地獄に落ちることになる。

一〇倍投資の一九屋

株式相場の最盛期であるバブル経済の時期でさえ、インチキ二八屋と同様の悪業が栄えた事例はあった。被害に遭った投資家は、決まって「相場が悪いから焦って騙された」「好景気の油断があったから騙された」などと、いかにも弁解じみたセリフを吐くが、真相はカネの欲につけ込まれて騙されただけの話なのだ。

一九八〇年代の、あの狂気のバブル経済がまさに始まろうとするころ、株式業界では投資顧問業者が雨後のタケノコのごとく誕生していた。当時は投資顧問業法もなければ、証券取引等監視委員会も誕生前なので、投資顧問業者のほぼ一〇〇パーセント近くが、投資家から顧問料名目のカネを詐取するだけの悪徳業者群であった。すなわち、詐欺師的株式投資顧問業者が野放しにされていたのである。

こうした悪徳業者は、東京にも大阪にも無数に存在していたが、数や質の悪さにおいても、やはり隆盛を極めたのは東京・兜町だっただろう。彼ら悪徳顧問業者の実態については、当時は正式に調査した国の機関もなかったので、業者数や被害総額などは、この数年のインチキ二八屋のそれと同様で定かではない。ちなみに、一説によれば、兜町のインチキ二八屋の数は実に二〇〇社以上と言われている。

そんな中でも、群を抜いた悪徳投資顧問業者は、第一章でも取り上げた「投資ジャーナル」である。二八屋の「五倍投資」ならぬ「一〇倍投資」をうたい文句に、日本全国津々浦々の投資家の懐をさんざん搾りまくった。その首謀者は現在のところ行方不明扱いにされている中江《なかえ》滋樹《しげき》なる人物である。

仮に彼が現在も生きていれば、推定四〇歳代後半の人物なのだが、一説には暴力団の資金を数十億円詐取したのが原因で、生きたまま海中に沈められたとか、殺されて山中に埋められたなどと無責任に推測されていたが、最近では、いまもまだ裏社会に生存中でとてつもない資金を動かし、仕手戦の黒幕的存在になっているとのうわさもしきりである。

その投資ジャーナルの必殺テクニックは「あなたの資金を一〇倍に運用します」で

あった。二八屋と同様に、投資ジャーナルが投資家に対して株券を担保に時価の九割を融資するので、投資家に取引額の一割相当の資金があれば株式投資ができる、というのが業界紙の広告でのうたい文句だった。

投資ジャーナルの一〇倍投資を「二八屋」風に表現し直すと、「一九屋」と言うことができる。「一〇倍投資」の論法でいくと、一〇〇万円あれば一〇〇〇万円相当の投資ができる。それが二割値上がりすると、二〇〇万円の利益であるから、投資家からすると一〇〇万円の元金が一挙に三〇〇万円に膨れる胸算用である。

元金が一〇〇〇万円のケースでは、すべてがその一〇倍の勘定である。その計算でいくと一億円が五〇億円とか一〇〇億円になるのも、決して絵空事ではない。そうインチキ一九屋は投資家を口説き、投資家もそのとてつもないウソに騙されて、一割相当額を送金してしまう。この調子で投資ジャーナルが投資家からかき集めたカネは総額四〇〇億円と当時の新聞では報道されていた。

しかし、つい最近会った投資ジャーナル関係者はこんなことを言う。

「当時はバブル経済の初期だったから、投資家にはいくらでもカネがあった。だから中江が集めたのは、四〇〇億円なんてものじゃない。中江は絶対その倍は集めてる。

ヤツは逮捕されて刑務所に入ったが、一〇〇〇億円も集めていれば、出所してから死ぬまで酒池肉林の極楽生活を送れる。そう考えると、五年や一〇年、刑務所で暮らすのも悪くないだろうね」

架空の損金が現実の借金に！

ところで投資ジャーナルが投資家をさんざん騙した、この一〇倍投資のケースでは、投資家の出した資金は、株式売買代金の一割でしかない。したがって架空に九割融資するインチキ一九屋に支払う金利や株式売買手数料などを計算に入れると、投資家が送金した一割のざっと半分は、送金した瞬間に消えてしまう。

つまりここでも例によって、私製の売買報告書が送られてくるのだが、相場がわずか五パーセントでも値下がりすると、いま述べたような事由で投資家の送った一割相当の資金は、一瞬にして消えてなくなってしまうのだ。もちろん、その一割相当の資金は送金と同時に、インチキ一九屋の懐に納まっているのは言うまでもない。

この場合、投資家が苦情を言うのを防ぐ意味で、相場が五パーセント下がった時点で直ちに投資家に連絡を入れ、さらに資金を追加送金するように要求する。

「あなたが先日送金した株式売買代金の一割から手数料や金利を差し引くと、五パーセントの株価の値下がりで、株取引の証拠金はゼロになります。私どもで融資するのは売買代金の九割までですから、あなたの頭金が常に一割になっているように、値下がり分を今日明日中に送金してください。送金がない場合は、あなたの株を株式市場で処分売りさせていただきます」

そう執拗《しつよう》に送金を要求するのである。もしも投資家が送金した場合、このカネも当然業者に着服されてしまう。また投資家が送金しなければ、投資家が買ったことになっている株券は、市場で架空に売却したことにされてしまう。

もちろん、以上のすべては一〇倍投資業者の仕組んだ、架空の株式売買であるから、実際には何ら損失が発生していない。あくまでもインチキ一九屋の書いたシナリオ上の株式投資ごっこに、投資家はてんてこ舞いさせられるという寸法である。

株価が五パーセント値下がりしただけでこの騒ぎであるから、株価が買値の半分に下がったりしたら、もう一大事である。悪徳業者は下がった分だけの資金を直ちに送金するよう、さらに執拗に要求する。

また、送金がない場合は担保の株券を市場で売却処分したと投資家に連絡する。値下がりした株価で投資家の株券は売却処分されるので、そこには当然、売却損という架空の損金が発生する。もちろん、投資家は架空とは知らない。そして、その損金は投資家に請求されることになる。

だが、こうした投資家は、現金がないからこそ、一〇倍投資のインチキ一九屋のごとき悪徳業者の毒牙《どくが》にかかったわけで、損金を送る余裕なんかあるはずがない。

こうなると悪徳業者は次の手段を用いる。投資家に損金の相当額の借用証を書かせるのだ。そして、それには保証人をつけさせるか、投資家の住む家屋敷などを担保に取る。架空の株式売買で生じた架空の損金を、今度は現実の準金銭消費貸借関係に持ち込んでしまうのである。こうなると、もうインチキ一九屋の思うがままである。

そして、あとはじっくり時間をかけて投資家を搾り上げていく。一〇倍投資の世界ではインチキ二八屋の五倍投資以上に、荒稼ぎが行われていた。その被害者の中には、家屋敷どころか、先祖伝来の田畑を担保に取り上げられ、架空取引の損で無一文になった犠牲者も少なくなかった。これとほぼ同様のことが、バブル経済崩壊後の証券市場でも堂々と行われている。

バブル経済最盛期の、つまり一九八〇年代後半における東証第一部の時価総額は、世界一の規模を誇るニューヨークの株式市場を抜いて、六〇〇兆円という未曽有《みぞう》の数字だった。日本の投資家たちはそれが日本経済の実力であるとすっかり信じていたものである。

また、この当時の日経平均株価は四万円弱を記録しており、五万円を超えるのは時間の問題だと、日本の投資家たちは本気で信じていた。株式市場における毎日の株式売買の出来高も三〇億株に達し、東京証券取引所の出来高はいずれ五〇億株に達するに違いないと信じて、取引所の建物のあらゆる設備を処理可能なように作り替えたのである。

だが、いまの出来高は多い日でせいぜい五億〜七億株止まりである。数年前には三億株台の日も決して少なくはなかった。また二〇〇一年九月一一日、米国で起こった世界貿易センタービルなどへの同時多発テロ攻撃の影響で、日経平均は無抵抗に一万円を割り込んでしまった。二〇〇二年には八〇〇〇円台割れ寸前にまで下落。これで日経平均はバブル当時の五分の一まで下がったことになる。

まるでゴーストタウンと化してしまった兜町では、業界にたむろするプロ投資家や元仕手筋の面々が、食うためには何でもやった。大きなカネ儲けにつながる稼業であれば、それがたとえ悪事でもやるしかない。本章で書いたインチキ二八屋もその一つなのだ。

第三章　解体屋——仕手株を売り抜ける驚愕《きょうがく》のカラクリ

高値で売り抜く騙《だま》しのテクニック

「解体屋」と聞いて、われわれの脳裏にまず浮かぶのは、バスやトラック、各種乗用車などの解体業者だろう。主にクルマのたぐいが交通事故などで修理不能の状態になったり、乗りつぶしてポンコツになったりしたものを、工場に持ち込んで分解し、使用に堪える部品は再利用に回し、そうでない部品はスクラップにする。

そういった分解、選別をする仕事が一般に言う解体業者という職業だ。ほかにも、各種船舶や各種建造物に関しても解体業というビジネスは存在している。

だが、ここで言う解体屋とは、そうした諸々《もろもろ》とはまったく無関係な職種である。それは株式相場の世界で、仕手筋などが仕手戦において買い集めた何十万株とか何百万株という玉の塊を、売り散らして解体処理する仕事のことである。

わかりやすく説明しよう。仕手戦などで株価を高くするには、仕手筋は株式市場に出ている売り玉を、次々に買い進めなければならない。すると需給関係のバランスが崩れて、株価が高くなる。また、ここで言う「玉」の文字は「ギョク」と読んでほしい。これは業界用語で「株」という意味である。

余談ながら、ずいぶん前のこと、ある株の小説をドラマ化したテレビ番組で、主役の有名俳優がいかにも気取った演技で、「玉」を「タマ」と発音していた。ちょうどそのとき、筆者は兜町《かぶとちょう》の地場筋の連中と大衆酒場で一杯やっていたのだが、何気なく店のテレビを見ていて、主役が「タマ」と発音した瞬間、その場の株仲間全員は思わず吹き出してしまった。

話を戻すと、その売り玉を買い上がる過程において、仕手筋の手元にはどうしても大量に集まる玉、つまり何十万株とか何百万株という大量の株式が、塊になって残ってしまう。仕手筋の依頼により、その塊をさまざまな方法で売りさばくのが、ここで言う解体屋である。

「売る」というといかにも聞こえはいい。だが、解体屋の場合の「売る」というのは、実際にはウソ八百、ウソ九百もの虚言で塗り固めて金持ちの投資家を騙し、仕手筋の持つ玉の塊を強引に売りつけてしまう作業なのである。

ところで、株式投資の基本とは、投資家ならずともだれもが知っている常識ではあるが、安値で買って高値で売ることである。その差額が、投資家の儲《もう》けになるのは小学生でも知っている。したがって、仕手戦において仕手筋の手元に買い集まった玉の塊を高値で売り抜けてこそ、仕手筋の懐が大きく膨らむのである。

たとえば、株の平均買い単価が五〇〇円の玉の塊が一〇万株あったとしよう。この塊を株価一〇〇〇円の高値で売却したとすると、一株につき五〇〇円の儲けであるから、一〇万株だと仕手筋は五〇〇〇万円の売却益が得られる計算になる。同様に、一〇〇万株という玉の塊の解体に成功したとすると、仕手筋の懐に転がり込むのは五億円ということになる。

「下値で買った玉は、高値で売り抜けてこそ意味がある」とは、仕手筋の連中のよく言う口癖であるが、この言葉は「高値で売り抜けるのは難しい」という意味に解釈すべきなのだ。ただ単に株を大量に買い集めるだけなら、必要な資金さえ準備してやれば、株式相場の知識などは皆無の小学生にでも簡単にできる作業である。

だがこれを高値で売り抜けるとなると、いろいろと複雑な売り抜けテクニックが必要になる。プロ相場師でも骨の折れる仕事なのだ。高値で売り抜けるテクニックとは、たぶん仕手筋は顔をしかめて否定するだろうが、事実上「騙しのテクニック」にほかならない。

どんな投資家だって強欲だ。したがって、だれの目にも高値圏と判断のつく銘柄などは買いたくないのが人情だろう。その感情を重々知りながらも、安値で買い集めた大量の株式を高値で売るのだから、この作業を相場用語では「売る」と言わずに、「売り抜ける」とか「売り逃げる」と表現する。つまりその作業は、あきらかに騙しの行為そのものなのである。

仕手戦はだれでもできる？

一九八〇年代の後半、日本銀行による過剰マネーサプライ（通貨供給量）のため、日本経済はバブル状態に陥っていた。日本社会の隅々までがカネあまり現象に浮かれており、株式相場もまた異常な過熱状態にあった。これは資金の過剰流動であり、株式の過剰流動である。株式業界ではこのときの市況を「バブル相場」と言っている。

株価は青天井で来る日も来る日も値を飛ばし、証券取引所の日々の出来高が五〇億株に達する日がやってくるのではないかと、兜町の地場筋は盛んにはしゃいでいたものである。これが本当に五〇億株に達しようものなら、証券取引所のコンピューターでは完全に処理し切れない状態に陥ってしまうと判断されていた。

真剣にその状況を予測した東京証券取引所は、取引所の建物全体に大改築を施し、出来高が五〇億株以上になっても処理可能なコンピューターを導入した。

大手・準大手証券会社も、おのおの自社ビルを新築したり、あるいは改造したり、中小証券も広い事務所に会社を移転したりして、業界は上を下への大騒ぎになったものである。すでに倒産した準大手の三洋証券なども、巨額資金を投下して東京都江東《こうとう》区の木場《きば》界隈《かいわい》に、自他ともに東洋一と認める一大トレーディングセンター付きのビルを新築している。

だが残念なことに、この壮大なトレーディングセンターもバブル経済崩壊と同時に、維持費ばかりを食う無用の化け物屋敷と化し、ビル周辺のドブネズミやゴキブリの絶好の住みかになってしまった。三洋証券は、ホームレスや泥棒が侵入するのを防ぐためか、ガードマンを雇って厳重な警戒態勢を敷いたものである。

東京証券取引所ご自慢の、五〇億株の処理が可能なコンピューター設備も、バブル崩壊後一〇年余を経た二〇〇三年に至っても、一度もフル稼働の機会を得ていない。現実には、三〇億株程度のところでバブル相場は終焉《しゅうえん》を迎え、コンピューターは長い長い冬眠に入ってしまったのだ。一九九〇年にバブル経済が崩壊してからというもの、株式業界の至るところに閑古鳥が住みつき、一日の出来高がわずかに三億株内外という寂しい日々が、何年も何年も続いたのだ。

一方、バブル時代の投資家たちは、プロ投資家もアマチュア投資家も、奇妙な錯覚にとらわれていた。黙って株を買いさえすれば、だれにでも簡単に大儲けできるのが株式相場だと思っていたのだ。当時の日本では、「バブル経済」という言葉さえ知らないまま、このカネあまり現象は日本経済の持つ真の実力なのだ、この好景気は永遠に続くのだと、だれもが本気で信じていた。だが、これもあきらかに錯覚であった。

バブル経済が崩壊した一九九〇年代に入ってから、どこかの国のある経済学者が「バブル経済とは、バブルの中にいる当事者たちは気づかないもの」と言っていたが、バブル経済当時の日本社会全体は、まさにその言葉通りの状態であった。だが、いかに的を射た解説も、崩壊してから聞かされたのでは、投資家にとっては何の意味もない戯言《ざれごと》でしかない。

こうした状況の株式市場では連日の大商いに株価は暴騰に次ぐ暴騰を続け、市場には仕手筋を自任する大小の株の買い占め集団が無数に誕生していた。彼ら買い占め屋たちは、株式と同じく異常高値にあった土地を担保に銀行から巨額の資金を借り入れ、その資金を用いて株の買い占めに狂走していたのである。

この土地を担保に資金を貸し付けた、と言うよりも、土地が担保なら強引にも巨額資金を貸し付けた諸々の金融機関は、バブル崩壊でその資金を回収できなくなった。結果的には巨額の不良債権と化し、日本国民や日本政府を苦しめているのは、読者諸君も連日のマスコミ報道ですでにご存じの通りである。

バブル当時の東京・兜町と大阪・北浜に存在した、仕手筋と見られる個人・法人の総数は、プロアマ合わせると全部で二〇〇グループを下らなかったと言われている。昨日まで田畑の草むしりをしていた農民までが、その田畑や自分たちが現に住んでいる家屋敷を担保にして銀行から大金を引き出すと、そのカネを引っ提げて兜町や北浜の地場筋に乗り込み、「カネはいくらでもあるんだ。おらも今日から相場師だぞ。プロの買い占め屋だぞ」と、無謀にも株式市場に仕手筋として名乗りを上げていた。

しかし前述のように、カネさえあれば株を買い集めるのは簡単なのである。そんなことは小学生にも簡単にできる。証券会社に行って株式売買用の新規取引口座を開き、「〇〇株を一〇万株買え」と電話で指示するだけで、大量の株式がどんどん手元に集まり、株価もどんどん高騰する。

また、この無謀な買い占め行為を止めもせず、むしろあおっていたのが、手数料収入が欲しい大手・準大手をはじめとする諸々の証券会社だったのだ。

相場は騙し合いだ！

だが、そうした買い占め行為のあとで、大物の仕手筋でさえ苦心するのは、集まった大量の株式を、株価を下げないままの高値で、利益の乗ったままの高い株価で売り抜ける作業であった。

ましてや、バブル経済期の株式市場の熱狂に浮かれて、あるいはカネあまり現象に浮かれて、ウジ虫のようにわいて出たアマチュア投資家たちには、プロ相場師を気取って買い集めた大量の玉の塊を、確実に利食いして売り抜ける高等な相場テクニックなんかあろうはずがない。にわか仕立ての素人仕手筋の連中は、買い集めた玉を抱えたまま、右往左往するだけだったのである。

株価そのものは、素人仕手筋たちが自分で買い上がったのだから、当然異常高値の水準にある。しかし、今度は買い占めた大量の玉を市場で売り抜けるとなると、大量の売り玉が株価を暴落させる結果を招く。

つまり、素人仕手筋諸君は、自分の大量買いで株価を暴騰させておいて、今度は自分の大量売りで相場を暴落させてしまう。これでは結果的に儲けはゼロどころか、株式売買手数料の損になってしまう。その段階で確実に儲かるのは、証券会社だけという情けない結末なのだ。プロ投資家から見ると単なる茶番劇だが、この現象は素人仕手筋たちが、必ず一度は陥るジレンマなのだ。

バブル経済当時の証券業界の中で、投資家は単なるカモでしかなかった。証券業界は銀行業界と同様、護送船団方式でしっかり守られており、大手証券会社と大蔵省は固く癒着していた。したがって、投資家が儲かろうと大損をしようと、証券会社には法律で定められた高い株式売買手数料が、自動的に転がり込むように仕組まれていたのだ。

買い集めた玉の塊の売り抜けに悩む素人仕手筋の窮状に目をつけて、自然発生的に出現したのが解体屋であった。「必要は発明の母」とは実にうまいことを言ったものである。自分で買った株を売り抜けられず、ただ闇雲《やみくも》に地場筋を徘徊《はいかい》するアマチュア投資家のところに解体屋は現れて、「われわれが高い株価のままで、見事売り抜けさせてあげましょう」と申し出るのである。

玉の塊を抱え込んだまま困っていたところに、高値のまま売り抜けられると聞いた素人仕手筋の連中が、このおいしい話に飛びつかないはずがない。素人仕手筋と解体屋は売り抜けに関する諸々の条件をビジネスライクに話し合って、お互いに条件が折り合ったところで、解体屋は素人仕手筋の持つ玉の塊を独自の方法で見事売りさばいてしまうのである。

解体屋が、玉の塊を売り抜けさせるプロのテクニックとは、つまるところ大手証券会社が自分の会社を儲けさせるために行っていたのと同じ手法である。

つまり大手証券会社は、常に自社と特別重要な大口投資家を儲けさせるために、さまざまな手段で株価を高値にあおっておいて、買いつく投資家の買い玉に手持ちの株式を売りぶつけて利食いしてしまう。あるいは大勢の投資家を騙し、小口に分散して強引にハメ込んでしまう。

この大手証券会社の用いた方法は、現実には騙しそのものである。株式相場で短期間で儲けようとすると、そこに何らかの危険な落とし穴が存在するのは否めない事実なのだ。これを騙しと解釈するか、あるいは相場とは騙し合いなのだと、割り切って解釈するかは投資家によってさまざまである。

ほとんどの解体屋連中は、この大手証券会社の行ったハメ込み方式をそのまま、まねていた。そして自分たちの行う解体ビジネスに関してこう開き直る。

「相場技術なんてしょせんは騙し合いの技術に過ぎない。売る投資家がいるから買う投資家もいる。売る者と買う者はその売買行為の瞬間、どちらかがミスを犯したことになる。それが相場というものだ」

こんな具合に、妙な相場哲学で自分たちの騙しのテクニックを正当化する。

解体の手口と報酬

したがって、解体屋たちの用いる売り抜けのテクニックは、騙しそのものである。素人仕手筋から玉の塊の売り抜け依頼を受けると、彼らは解体作業用に以前から準備していたハメ込み先に、その玉の塊を買いやすい数の小口に解体して、順次ハメ込んでいくのである。

この場合のハメ込み先とは、実際には決して小口の個人投資家なんかではなかった。それはたとえば、バブル相場当時には各証券会社に大勢存在していた証券歩合外務員たちを利用して、外務員たちの抱える大勢の投資家の口座にそれをハメ込ませたのだ。外務員たちはある程度の資金運用を、自分の顧客である投資家たちから一任されていたものである。したがって、投資家には無断でその解体玉を、顧客の口座にハメ込んでしまうのだ。

この際、解体屋は当然、自分たちの解体業務に協力してくれるそうした外務員たちに、ハメ込みに対する謝礼金を払う。株式相場の世界とは、昔から「生き馬の目を抜くところ」と言われるように、カネの奪い合いの世界なのだ。ハメ込まれて泣きを見るほうが間抜けと言われても仕方のない業界、それが証券業界なのである。

解体屋が解体協力者に支払う協力報酬は、いったいどこから出ているか。その出所は、言うまでもなく売り抜けに行き詰まった素人仕手筋の懐である。たとえば、素人仕手筋の儲けの幅が一株につき五〇〇円あったとすると、解体屋はそのうちの二〇〇円程度を解体手数料として自分たちに支払うよう、解体作業を行う前に取り決めるのである。

そして素人仕手筋からもらう二〇〇円の解体手数料のうち、半分の一〇〇円は解体に協力する者への報酬に充当されるのである。

素人仕手筋が解体屋に支払う解体手数料も、解体屋が協力者に払う協力報酬も、単なる参考に書いた金額であって、実際にはもっと多い場合もあれば、さらに少ない場合もあった。

その金額には、解体する玉の塊の大きさや利益の幅、あるいは売り抜け作業の難易度によっても大きな開きがあった。たとえば、売り抜ける株数が異常に多い場合は、売り抜けるのにもそれだけ困難が伴うので、解体屋の手数料が高くなるのは当然である。また売り抜ける株が異常な高値であっても、ハメ込む際に買うほうが当然躊躇《ちゅうちょ》してしまい、解体作業には困難が伴うので、それだけ解体手数料が高くなるのは当然なのだ。

解体屋が素人仕手筋から解体手数料を二〇〇円もらったとして、その半分の一〇〇円が解体屋自身の収入と仮定しよう。残りの半分は解体協力者に謝礼金として支払われることになる。

協力者はファンドマネージャー

解体に協力する連中とは、先に述べた証券歩合外務員もそうだし、ほかにも大口投資家を顧客に持つ大手・準大手に勤務する証券マンもそうだ。そのほかには、中小証券会社の営業部の者や、投資顧問業者の社員連中も協力報酬目当てに、会社や顧客を裏切って解体屋に協力したのである。

ほかにも、解体協力者には永田町の政治家や霞《かすみ》が関《せき》の高級官僚までが名を連ねているからビックリである。株の世界はいまも昔も、やはり魑《ち》魅《み》魍《もう》魎《りょう》の世界である。

中でもおもしろいのは、業界新聞や業界雑誌の記者連中だ。彼らも協力報酬に引きつけられて、自分の書く記事の中で盛んに解体銘柄を推奨し、解体屋や素人仕手筋からいくばくかのゼニをせしめていたものである。

バブル当時のことだが、ある老舗《しにせ》出版社で発行する株式業界誌の某編集長などは、関西の某消費者金融業者に買収されて、その金融業者が行う仕手株の最終売り抜けに協力していた卑劣漢であった。彼がもしも仕手筋であったり、解体屋であったりすれば、だれ一人彼の言葉をまともには聞かなかっただろう。だがこの卑劣な男には編集長の肩書という絶好の武器があった。

株式業界の連中は、その編集長のウソを、編集長の言葉であるがゆえにすっかり信じ込んで、不本意ながらも売り抜けの片棒を担がされる羽目になる。だがそれは、あくまでも彼という人間を信用したのではなく、彼の差し出す編集長という名刺の肩書を信用して彼の言葉に耳を貸したのである。

この編集長は、関西の消費者金融業者から受け取る協力報酬で自宅を改築したり、日夜繁華街に現れては、グルメ料理に舌鼓《したつづみ》を打っていた。もはやこの卑劣漢は、老舗出版社で発行する株式業界誌の編集長などではない。あきらかに関西の某消費者金融業者にカネで飼いならされた飼い犬であり、詐欺師そのものである。

さらに許せない連中もいる。ある政府系金融機関のファンドマネージャーなどは、仕手筋や解体屋から受け取る協力報酬を目当てに、自分が運用を担当するファンドに、仕手筋が売り逃げるための高値の玉の塊を、自分の一存でどんどんハメ込んでいた。

そして、彼の懐に転がり込んだ協力報酬の総額たるや、少なく見ても一〇ケタであったと地場筋では推定している。つまり、彼は卑劣にもこれらの解体作業の片棒を担ぎ、無税のカネをウン十億円も稼ぎ出したのである。当時の彼は仕手筋の連中と肩を組んで、来る日も来る日も酒池肉林におぼれていたのであった。

そしてこの男はある日突然、十分な貯金でもしたのか、勤務先である政府系金融機関をさっさと退職してしまうのである。そして彼はその協力報酬で稼ぎためた資金で、東京近郊に適当なアパートを建設すると、今度はアパート経営者に転身するのである。そしてそこから上がる家賃収入で、世の中が不況にあえぐ今日でも、悠々自適の生活をエンジョイしている。

この政府系金融機関のファンドマネージャーのようなケースは、何も株の世界だけの話ではない。不動産の世界でも、これと同じようなことが頻繁に行われていたのは、読者諸君のご想像の通りである。

地価相場が高くなって売りさばくことの不可能になった土地は、公的資金を自由にできる官公庁の役人や、その傘下にある政府系金融機関のファンドマネージャー経由で、融資の際の担保の形で政府系金融機関などにハメ込まれた。それら狡猾《こうかつ》な連中の儲けの手段に利用された土地は、十数年を経た今日でも行き場を失って宙に浮いている状態である。

この例での悪党は、ハメ込んだ解体屋よりも、むしろ巨額の協力報酬を懐に入れ、口をぬぐって知らぬ顔を決め込んでいる政府の役人や、その仲介に動いた多数の政治家のほうではなかろうか。

巨額報酬は現ナマで

仕手筋の持つ玉の塊を解体すると、その報酬はいったいどのくらいの金額になるのか、さらに詳しく記しておこう。

ある中堅生命保険会社のファンドマネージャーは、完全に解体屋の手先として働いていたが、彼が一回にもらう協力報酬の金額たるや、常に数千万円単位であった。

たとえば、例によって解体屋から「明日、〇〇銘柄を一〇万株ほど、あなたの権限のファンドにハメ込んでくれないか」と解体の依頼を受けたとしよう。

この場合、このファンドマネージャーの懐に入る協力報酬と称する謝礼金は、一株につき一〇〇円もらったとすると、一〇万株のハメ込みでなんと一〇〇〇万円にもなるのだ。彼らファンドマネージャーはこれを毎月何回も繰り返すのだから、ウン十億円の貯金をするのは造作もないことだった。

しかも、その支払いには、決して手形や小切手などは使われない。解体を行ったその日のうちに、それも現ナマで支払われるのだ。さらにこの協力報酬稼ぎの利点は、そのすべてが無税であるということだ。協力報酬授受の事実は当人たちしか知る由もないのだから、税務署は課税のしようがないのである。

ところで、解体手数料や協力報酬の支払いが常に現ナマで行われる理由は、現金こそ最も信頼性が高いというのもあるのだが、やはりその最大の理由は、お互いに金銭授受の物的証拠を残さないためである。つまり、こうした作業で手形や小切手を使ったとすると、そこには現金授受の物証が残ることになる。バブル相場華やかなりしころの株の世界では、こうしたにわかには信じ難い行為が、地場筋の至るところで当たり前のように行われていたのである。

解体屋はこれが商売なのだから、毎日何件も解体をやる。したがって、解体屋には毎日のように億単位の解体手数料収入がある。

これらの解体屋に協力する大手金融機関や政府系金融機関のファンドマネージャーもまた同様の状態にあった。もちろん、金融機関の連中だけではない。前述したように、証券歩合外務員や、投資顧問業者の経営者のみならずその社員の面々、証券会社の株式部課長、それに政治家など、解体に協力する立場の者全員が、首までどっぷりカネに漬かる毎日であった。

バブル時代だったからこそ、こんなウソのようなことができたのだと言うかもしれないが、この現象はバブル経済が崩壊してからも数年は続いたのである。

泣きを見るのは一般市民

関西のある大手の解体屋は、自分で仕手戦と解体をやって売り抜けてしまえば、つまり自分が買い占めた玉の塊を自分で解体すれば、さらに大儲けできると欲張った考えを起こした。

そして自らの組織も仕手筋に変身するのだが、仕手戦を始めてしばらくするとバブル経済が崩壊して、結果的に彼らのグループは経済的に破綻《はたん》、消滅してしまう。総量規制により、突然、資金の供給が停止され、仕手戦の続行が不可能になったのだ。仕手戦のまっただ中にあった仕手株は、途中で投げ出さざるを得なくなってしまった。

株式市場はたちまち縮小してしまい、自分で売り抜けるテクニックを持っている仕手筋でも売り抜けようがない。株式市場そのものの資金が枯渇している状態だから、買う投資家がいないのだ。つまり、まとまった株を買うだけの資金十分な投資家が、株式市場から消えてしまっているのだ。結局、最後には解体屋に売り抜けを依頼することになる。

仕手筋から解体依頼を受けた解体屋は、すでにハメ込む先の消滅してしまっている市場に何とか無理をしてハメ込もうとするのだが、非常に困難を伴うので解体を途中で投げ出してしまったりもした。

あるいは解体屋が苦労の末、解体を成功させたとしても、仕手筋に巨額の解体手数料を払うだけの経済力がすでに失《う》せていたり、仮に経済力があったとしても、解体手数料支払いの約束を履行しないケースが多発した。

こうして、解体ビジネスは徐々に下火になっていった。

ところが、バブル経済がはじけてすでに一〇年以上経過した二〇〇三年現在でも、解体作業は株式市場の片隅で、解体の協力報酬欲しさに細々と続けられているのをときおり見受ける。いったい、この不景気な時代にどこにハメ込むのかと調べてみると、解体屋に協力していたのは、やはり資金が豊富ないくつかの政府系金融機関であった。

昨今の解体作業には、売買主の正体を隠すためか、はやりのネット取引などが頻繁に活用されている。

この解体屋というバブル期に誕生したニュービジネスは、さまざまな究極の解体テクニックを生んでいる。そのテクニックは次のバブル経済の機会にも必ずよみがえるだろう。

七三〇兆円にものぼる国・地方の巨額借金や、一五〇兆円ともされる民間の不良債権も、その解決策には結局、ここに述べた解体作業的手法が用いられるのだろう。公的資金でその穴埋めをするにしても、債権を証券化して投資家に売るにしても、はたまた資金を捻出《ねんしゅつ》する目的で国債を大量発行するにしても、そのツケはすべて最後にはわれわれ国民が背負うのである。

民主政治では、われわれ国民が選挙で政治家を選出する。それは同時に、選ばれた政治家やその配下の役人が犯した過ちに対する尻《しり》ぬぐいをするのは、彼らを選出したわれわれ国民であるということを意味している。この日本における民主政治とは、そういうことだ。

昨今では外資系企業が、日本企業の持つ巨額の不良債権を超安値で買いたたき、これを証券化して市場で売却するという。受け皿になるのは投資家、つまり、われわれ国民なのだ。結果的に見るとこの種の不良債権処理業務も、不良債権を解体する行為にほかならない。

第四章　身分証偽造――〝本物〟の免許証はこうして作る

ネット犯罪の温床、偽名口座

二一世紀になると猫も杓子《しやくし》も、寄ると触るとインターネットである。仕事の打ち合わせから年賀状や暑中見舞い、揚げ句の果てに愛の告白までがインターネットである。銀行のカネの出し入れや、航空機の予約、野球観戦チケットの購入などは、すべてネットが利用される。キーボードに弱いＩＴ（情報技術）音痴のシルバー世代にはつらい時代である。

一方この数年、株式相場の世界でもインターネットの導入が進み、ネット専門の証券会社が増える一方だ。インターネットを利用して取引口座を開設し、売買資金の出し入れも、株式の売買注文も、もちろんインターネットで行う。何から何までネットというのは、相場の世界のカビだらけの慣習にいささか抵抗を感じる若い投資家にとっては大歓迎だろう。

では、ネット取引はいったいどの程度、普及しているのか。参考までにネット取引専門の証券会社に尋ねてみると、我が国の投資家の約三〇パーセント以上が、すでにネット取引を利用しており、徐々に一〇〇パーセントに迫るというのがその回答だった。平たく言うと、三人に一人がカタカタとキーボードをたたいては株式相場の売買注文を出し、そのつど大損をしているという、何とも結構なお話なのだ。

昔のベテラン相場師たちがこのネット化現象を見たとしたら、こんなオモチャのどこがおもしろいのかと嘆くに違いない。だが、お隣の韓国では、全投資家の約七〇パーセントがネットを利用しているというから驚きである。二一世紀に経済先進国へのテロ攻撃の主流をなすのは、乗客を満載したジェット旅客機を高層ビルに突っ込ませて大勢を殺傷するなどの野蛮な行為ではなく、ネットを破壊するような電子テロなのではあるまいか。

ところで最近、株式のネット取引の普及率が増加するのに伴って、いろいろなネット犯罪も激増している。しかし残念なことに、法整備がそれに追いつかない。法律はいつの時代も常に犯罪の後追いなのだ。したがって、証券業界では各種各様のネット犯罪が放置されたままの状態である。これをカバーし得るのはせいぜい損害保険くらいのものである。

ネット犯罪の温床になっているのが偽名口座だ。株式取引のための口座開設に際しては、証券会社はその投資家の住所・氏名を確認できる身分証明を求めることになっているが、それでさえ巧妙に身分を隠す投資家が結構多いのだ。したがって証券会社では投資家の身分を、つまり投資家の本当の住所・氏名をいかに明確にさせるかの問題が残されている。

こうした身分確認制度が取り入れられる以前には、架空名義の口座を開設する投資家が多かった。偽名による取引が当たり前のように通用していたのだ。したがって、宮本武蔵《みやもとむさし》や佐々木小次郎《ささきこじろう》、石原裕次郎《いしはらゆうじろう》、美空《みそら》ひばり、吉田茂《よしだしげる》などといった投資家が東京・兜町《かぶとちょう》を闊歩《かっぽ》していた。

またこの問題は、税務当局の頭痛の種になっている。投資家の身元を把握できない税務署としては、国家存続の基盤である税金が取れないことになる。税収がなければ、日本国は存続できない。彼らはそう主張する。

だが、彼らの考え方は間違っているのではなかろうか。国会の居眠り政治家や、血税を横領して遊び暮らす役人を排除すれば、あるいは赤字を垂れ流す特殊法人への政府補助金などを撤廃すれば、国民は喜んで納税するに違いない。そこが改められない限り、国民総背番号制のように非民主的かつ姑息《こそく》な手段を用いてまで強引に税金を巻き上げようとしても、必ずまた次なる税金逃れの手段が考案されるだろう。

インサイダー取引に最適

最近のようなインターネット万能時代には、株式取引に際しても、前述のようにすべてネットで済んでしまう。ネット取引では、多忙な投資家が貴重な時間を費やして証券会社の店頭まで足を運ぶ手間暇が省けるばかりか、証券会社に支払う株式売買手数料も格段に安くなるので、投資家にとっては大歓迎なのである。

これを今度は証券会社側から眺めると、コンピューター設備さえ整えてしまえば、あとはそれらのＩＴ機器が勝手に投資家の売買注文を処理して株式売買手数料を稼いでくれることになる。誠にありがたい時代なのだ。

だから、最近の証券業界では手数料のダンピング競争が激化しており、お互いがつぶし合い、食い合いに走るありさまである。ネット取引にはほかにも新たな問題が少なからず発生している。

その一つが、前述の口座開設時の投資家の身分確認問題である。

従来の取引口座開設に際しての段取りはこうだった。まず投資家が証券会社に行くか、あるいは証券マンが投資家の自宅や勤務先に出向き、そこで運転免許証なり健康保険証などで投資家の住所・氏名を確認のうえ、さらにそのコピーをもらう。これで一件落着となるのが普通であった。

ところが、ネット取引ではすべてコンピューター任せである。すなわち、投資家と証券マンが直接やりとりすることなく、投資家に身分証明になる何かのコピーを送ってもらう形になってしまっている。ただ単にコピーを送るだけであれば、何かの証明書を合成コピーで変造し、証券会社に送るだけでこと足りる。したがって、脱税をたくらむ投資家にとってネット取引はこのうえなく便利なのだ。

政治家もネット取引の恩恵を受けている。

以前は、株式投資をやったというだけでマスコミに何かと騒ぎ立てられるため、実においしい相場好きの政治家でも、ただ指をくわえて日々の相場を眺めるか、あるいは親戚《しんせき》筋や議員秘書など親しい者の名義を利用して、肩身の狭い思いをしながら、細細と取引を行っていた。

しかしネット時代になると、国会議員の先生方も、一度偽名の身分証明書さえ入手してしまえば、万事オーケーだ。証券会社に偽名の取引口座を開設して、あとは永田町の議員会館や議員宿舎で、あるいは選挙区にある田舎《いなか》の自宅で、堂々とパソコンの前に座りながら、自由気儘《きまま》に好きなだけ株式相場で儲《もう》けられる。

　これと同じことは、証券会社の幹部にも言える。彼らは株式投資に極めて有利な情報、たとえば上場企業の増資やM&A（企業の合併・買収）、その他諸々《もろもろ》の企業情報をまっ先に知らされる立場にある。そこで幹部連中は、それらの情報に基づいて法律では禁じられたインサイダー取引を行っているのだ。姑息な手段で作ったネット取引の偽名口座でひそかに相場を張って大儲けしているわけだ。

　ある親しい証券会社の幹部社員に、こう尋ねてみた。

「禁止されているインサイダー取引を、あなたもやっているんですか」

　あきれたことにその幹部社員は平然と答える。

「当たり前でしょう。われわれはインサイダー取引で確実に大儲けできます。だからこそ、こんな面倒な業界にいるんだ。そうでもなければ、もっと楽な商売に鞍替《くらが》えするよ」

食い逃げ投資は儲けドク

　この株式相場でのネット取引は、さまざまな証券詐欺においても活用されている。

脱税専門の知能犯的投資家にも、また犯罪で得た巨額資金のマネーロンダリング（資金洗浄）に株式市場を利用する者にも、ネット取引の利用価値は高い。したがってネット取引が普及したここ数年は、株式市場の客質は大きな変貌《へんぼう》を遂げており、株価操作や脱税に取り締まり当局の役人は頭を抱えている。

具体的なネット犯罪の例を一つ紹介しよう。月々の家賃がわずか六万〜七万円という小さなボロ事務所を借りて、そこに電話一本とパソコン一台を準備する。次にネット取引が可能なあらゆる証券会社で、偽造身分証明書を利用して偽名の取引口座を多数開設する。そして、そのボロ事務所から、これといった銘柄の売買をネット経由で行うのである。

幸運にもその取引で、利益が出た場合はありがたくその利益金を頂戴《ちょうだい》するが、不運にも買った株が暴落して、大損でも発生しようものなら損金は絶対払わない。ネット取引ではそんな投資家が増加の一途をたどっていると、ある証券会社の中堅幹部は嘆く。これが最近はやりの「食い逃げ投資」である。

この二年間、食い逃げ投資を専門にやっているプロ投資家の一人は、

「これだと一〇〇〇万円や二〇〇〇万円はすぐに残るぜ。何よりもよほどのヘマをや

らない限り、サツのお世話になる心配はゼロなんだ。

それにこれは犯罪じゃない。上場企業だって、〝食い逃げ増資〟はしょっちゅうだし、ナスダック（現ヘラクレス）やマザーズを見てみろよ。何の価値もないボロ会社が堂々と〝食い逃げ上場〟で投資家を泣かせてる。オレは損金を払わないんだから、証券会社に多少損をさせるだけだ」

と開き直っているありさまだ。

そんな虫のいいことを常時繰り返していると、不審に思った証券会社が、損金の取り立てに証券マンをその投資家のボロ事務所に送ることになる。ボロ事務所にやってきた証券マンが部屋のドアをノックしたときには、そこはすでに、もぬけの殻なんていう事件が最近は頻発しているのだ。

しかし偽名口座では、残念ながらその投資家の本当の所在を追求するのは不可能だ。そして仮に証券会社が警察に訴えても、それがよほど悪質な破廉恥罪でもない限り、警察には「民事不介入の原則」という決まりがあるので、証券会社の訴えは取り合ってもらえない。この投資家は儲けドク、証券会社は常に損を被る羽目になる。

これに味を占めたこの投資家は、安い事務所を転々としながら、そのつど別の偽造身分証明書で別の名義を用いては、この食い逃げ投資を繰り返すことになる。

仕手戦にも偽名口座が利用されている。もちろん、仕手戦のような株価操作は証券取引法で禁止されている。しかし、ネット時代になってからは無数の偽名の取引口座経由で特定の銘柄に対して大量の買いが継続発生して、その銘柄の株価が異常な高騰を見ることもたびたび起きている。

これはけしからんとばかりに、その仕手銘柄に目をつけた関係当局が、証券会社に提出されている身分証明書のコピーを頼りに、その投資家の住所を訪ねていくのだが、その住所にそんな人物は実際には存在しない。それは身分証明書が偽造だからである。最近はそんなことも一向に珍しくない。

もちろん、証券会社だけではなく、こうした問題は銀行でも頻繁に発生している。異常なカネの出し入れに対して、これは何かが怪しいぞ、ことによると麻薬か何かの犯罪がらみのマネーロンダリングではないのか、などと不審に思った銀行が、口座開設時にコピーをもらった身分証明書の住所を訪ねてみると、そこにいた口座の本人は、そんな口座を開いた覚えもないどころか、そんな巨額のカネは見たこともなければ、動かした覚えさえないというのである。

そこで銀行が調査の専門家に依頼して、いろいろ調べてみると、実際に銀行口座を開設して、その口座を利用していたのは、何らかの方法を用いてその人物の氏名で運転免許証を取得し、それを身分証明に使用していた、正体不明の外国人であると判明したのである。その人物は、銀行に現れたときの印象や言葉遣いなどから、どうやら東南アジア系らしいとされた。

プロの身分証偽造団

こんな奇妙な事件が、最近では全国各地で発生しているのだ。そして、こうした事件の裏側に、実はプロの身分証明書偽造グループが存在していたのである。

そこで筆者は、いろいろと手蔓《てづる》を手繰って偽造グループの一員に接触を試みた。そして、その人物と交渉の結果、彼ら偽造グループの舞台裏をのぞかせてもらうことに成功した。それをここに述べることにする。だが、出てくる固有名詞はすべて架空であることを、念のためお断りしておく。

日本では、公務員や大企業の従業員でもない限り、身分証明書を携帯する義務も習慣もないのはご存じの通りである。したがって銀行や郵便局で身分を証明する何かを求められたときに最もポピュラーに用いられるのは運転免許証である。健康保険証でも間に合わないこともないが、保険証では本人を確認するための写真がないので、場合によっては拒絶されることもある。

こうした場合は、やはり自動車の運転免許証が最も歓迎されるようである。パスポートには写真があるので、これでも構わないのだが、パスポートは現住所を自分で書き込む形式なので、やや信憑性《しんぴょうせい》を欠くことになり、嫌われるケースが多い。

さて先日、千葉県某所において公文書偽造容疑で逮捕された関口なる四〇歳前後の男は、日本人名義の運転免許証とパスポート偽造が専門のプロ職人であった。偽造とはいっても、彼の場合、少々変わり種の偽造である。

われわれがパスポートを取得するには、戸籍抄本と住民票と身分証明書（運転免許証など）、それに写真などを用意するのが一般的である。まずは、これらすべての書類を準備し、次に役所にある所定のパスポート発行の申請用紙に、決められた必要事項を記入して、それら一式を役所に提出する。完成予定日になったら、決められた金額の印紙と証紙を準備し、それを受領する。そういう手順が極めて一般的である。

仮に、ある外国人が何らかの手蔓で関口に接触して、パスポート取得を依頼したとする。すると、関口は前もって多数準備してある公簿類の中から、依頼人の性別、歳格好に見合った日本人名義の本物の公簿類を選び出して、それに偽造依頼人の写真を添付する。そして、パスポートを申請する役所に堂々と提出するのである。このときに用いる公簿類はすべて実在する日本人のもので本物なのだ。

従来のパスポートの「偽造」は、正確に言うと、パスポートの「変造」であった。つまり、さまざまな手段で入手した本物の日本人のパスポートを、新たにパスポート取得を希望する人物に合わせて、手先の器用な人の手で変造する方法が、これまでの偽造パスポートの大半を占めていた。したがって、従来の「偽造パスポート」は、正確には「変造パスポート」と言うべきなのだ。

われわれはよく「パスポート偽造団」とか「偽造グループ」という言葉を耳にする。彼らは世界各国のパスポートを常に多数用意しており、何らかの事由でパスポート取得を希望する者が現れると、そのパスポートの中から取得希望者に矛盾しない、国籍、性別、年齢、有効期限などの合致するものを選び出して、それを手先の器用な職人が加工して変造するのである。それがパスポート偽造業界の、偽らざる実情である。したがって「パスポート偽造団」の正確な言い方は「パスポート変造団」なのである。

国際的田舎っぺの日本人がカネに飽かせて海外旅行に出かけると、出先の国々でパスポートを紛失したというケースがよくある。だが、それは紛失したのではなくて、こうした偽造団の連中に盗まれたというのが正確だろう。

日本人旅行者を専門に狙う中国人のある窃盗グループの連中によると、海外旅行中の日本人はまだまだ隙《すき》だらけだという。よほど旅慣れている人を除き、平和ボケした日本人旅行者は、何事においても油断大敵であることを心得ていないのだ。したがって、窃盗グループから見ると、パスポートでも金品でも、日本人旅行者から窃盗するのは何の造作もない。落ちているのを拾うのに等しいそうだ。

しかし、ここに述べている関口なる男のパスポート偽造は、決して変造なんかではない。パスポート自体は世界中どこの空港でも堂々と通用する本物なのだ。

ただ本物でないのは、このパスポートを所持、使用する人物が、そのパスポートにある氏名の本人ではないという点である。場合によっては氏名だけではなく、国籍も年齢もそのパスポートを所持、使用する本人とは、まったく異なるということもある。

したがって、関口からこうしたパスポートや運転免許証を買い求める顧客のほとんどは、東南アジア系の外国人が圧倒的に多いと関口は言う。もちろん、彼らは何らかの事情で、パスポートもビザも持たずに、日本に密入国してきた外国人たちである。密入国した外国人でなくても、長期間日本に不法滞在してパスポートもビザも期限が切れ、しかもそのパスポートでは日本を出るのが困難になった外国人たちも、関口の作るパスポートを求めているようである。

また密入国してきた者は、いかに日本語が堪能であっても、何らかの形で身分を証明するパスポートなり運転免許証なりが必要とされる場合がある。それがなければ、たとえば銀行や郵便局の預貯金の口座も開けなければ、株取引をするのに証券会社の取引口座を開くことも不可能なのである。だから彼らは何としてでも、それらを入手しようと努力することになる。

公簿類入手のトリック

読者諸君がおそらくここで抱く疑問と言えば、関口はなぜパスポートや運転免許証の取得に必要な、こうした日本人の公簿類を常々、それも多数用意しているかという点であろう。だがそれが、関口のこの仕事で最も重要なところなのである。

関口といろいろ話してみると、彼の表向きの職業は金融業なのだ。それも関口の場合、融資金額はお一人様五万円までと、非常に少額に限っている。その理由を彼に尋ねてみると、彼はこう言う。

「私の金融業は実は本職ではありません。金利は異常に高く取ってますが、それもわけがあってのことです。したがって金利のサヤを稼ぐのが目的の金融業ではない。本当の目的というのは、日本人名義の本物の公簿類の入手なんです」

彼はそう言うと、パスポートや運転免許証の取得に使用する、実在の日本人の公簿をいかにして入手するか、話したのである。

まず関口は、街中のあちこちの電柱に、手書きの金融の広告をはって歩くのである。その張り紙広告の文面はこうだ。

「五万円即融資　無保証人　無担保　要住民票二　要印鑑証明三」

これに電話番号が記されてある。この広告を見た無一文の連中が、率先して食いつくのは言うまでもない。

無保証人で、しかも無担保融資というのは、経済的に行き詰まった者にとっては、地獄で仏のような信じられない融資条件なのだ。こうした広告に引きつけられる連中の大半が多重債務者で、ある種のブラックリストに載ってしまい、サラ金などすべての金融業者から、相手にされない立場だからだ。

この電柱の張り紙広告を見た貧乏人や多重債務者で、とにかく一万円でも二万円でも欲しい者は、大急ぎで住民票と印鑑証明を準備して、電柱にあった関口の張り紙の事務所に電話をするのである。電話を受けた関口は電話してきた貧乏人を巧みに事務所に誘い込む。そして、その人物が事務所に来たところで、今度はいろいろな細かい質問事項の書かれた申込用紙に記入させる。

申込用紙にある質問事項の重要なところは、運転免許証やパスポートの取得歴である。取得経験のある者の場合は、その期限はいつなのか、また免許証もパスポートも取得経験がない人物の場合には、今後取得する予定があるのか、それともないかなども書かせるのである。

ほかにも質問事項はいくつかあるのだが、関口にとって最も知りたいところは、それらの免許証とパスポートに関する事項なのだ。理由は言うまでもなく、資金借り入れに際しての保証人や担保代わりに持参する彼らの住民票などの公簿類を、運転免許証やパスポートの取得に利用するからなのだ。

もちろん、多重債務者であるかないかをチェックするのは当然だ。これを的確に知っておかないと、その人物の公簿を利用して作ったパスポートや運転免許証は、金融業者や割賦販売業者のところでは通用しないからだ。つまりこのチェックが運転免許証やパスポートを偽造する際の重要なポイントなのである。

すなわち、運転免許証でもパスポートでも取得希望者が現れると、関口はそれらの希望者の写真に、手元にある公簿類の中から性別や年齢の合致したものを選び、運転免許証でもパスポートでも、取得申請書を作成することになる。

したがって、関口の偽造ビジネスで非常に興味深く重要なところは、それらの取得申請書作成の段階ですでに偽造なのだ。ただし、所定の役所にそれらの取得を申請して、完成品が交付された時点では、今度はそれらは偽造品なんかではなく、あきらかに役所が発行した正真正銘の、本物の運転免許証でありパスポートということになる。

踏み倒し歓迎のトサン金融

偽造業者の関口は言う。

「都内の同業者の中には、実際にいま使われている運転免許証やパスポートの本物の白台紙を何らかの特殊なルートで入手してきて、それに偽造品購入希望者の写真をはって、その他の項目は適当に考えて免許証やパスポートを偽造している連中もいるんです。

偽造といっても、一万円札などの紙幣を偽造するのは紙やインキを入手するのも大変ですが、より以上に苦労するのが紙幣の裏表の細かいところを書く技術ですよね。紙幣の偽造は捕まると罪も重いですから、ビジネスとして考えると面倒で採算割れです。

紙幣偽造に比べると、運転免許証やパスポートを作るのは朝メシ前の作業ですし、金額的にも売値は一万円札より、はるかに高額ですから、紙幣偽造より確実に儲かります。

私のところの融資金利は一〇日で三割です。五万円貸すと一〇日ごとに一万五〇〇〇円の金利を入れてもらいます。トイチ（一〇日で一割の金利）の高利貸は昔からありますが、私のところは一〇日で三割ですからトサン金融なんです。

異常な高金利と思うでしょうが、それには理由が二つあります。第一は、トサンの金利だと、それが払えずに逃亡する者の多いことです。逃亡してくれたほうが担保代わりの公簿が、堂々と利用できますからありがたいんですよ。住民票を担保に預かっていますから。それがあれば、そこには本籍地が記されていますから、戸籍抄本でも謄本でも、必要に応じて自由に取り寄せられます。

それとトサンという高金利のもう一つの理由ですが、私は金貸しをやるほど豊かではありません。そこで知り合いのヤクザ金融からトイチで借りてきて、それに金利をさらに上乗せして稼ぐんです。逃亡してくれないときには、一〇日ごとに一万五〇〇〇円の金利が入りますが、そのうちの五〇〇〇円はヤクザ金融に払う金利で、一万円は私の懐に入ります。

一〇人に貸していれば、一〇日ごとに一〇万円の収入になるんです。また、それが三〇人だと三〇万円の実入りですから、これは結構でかい稼ぎですよ。

外国人たちの中には、私から買った運転免許証で銀行口座や証券会社に日本人名の取引口座を作って、それを日本での麻薬密売で稼いだカネのマネーロンダリングに利用しているヤツも結構多いんです」

しかし関口の話によれば、マネーロンダリング用の銀行口座や証券会社の株式取引口座開設に関しては、それ専門の業者がほかにも存在するという。麻薬や拳銃《けんじゅう》のからむマネーロンダリングには機密保持に関する怖い話がつきまとうので、たとえ多少儲けが多くても、取引は極力敬遠すると関口は言う。

ちなみに関口の運転免許証やパスポートの売値は、相手が最終ユーザーの場合だと、おおむね一五万円前後だという。また、最終ユーザーとの間に仲介者が入る場合の卸値は、話し合いによって決められるようである。数量や指定納期などにもよるが、基準としては、三万～五万円で卸すのが最も一般的だという。

それでは、それらの偽造運転免許証やパスポートが、単なる身分証明用ではなく、本来の用途である自動車の運転や、海外旅行にも使用可能かと関口に尋ねてみると、関口は即座に答える。

「事故を起こして、コンピューターなどでいろいろと照会されない限り、パスポートなら世界各国の空港で堂々と通用しますし、運転免許証だって堂々と公道でクルマを運転できます。だって、それらはお役所が発行した本物なんです」

サラ金殺し、月賦屋殺し

外国人などがこれらを求める理由は容易に理解できる。驚いたことに、最近はこれらを買う日本人が非常に増加していると関口は言う。

「あのですね、いまの日本の失業率は五パーセント強ですが、限りなく増加傾向にあります。それは収入のない人が増えているという意味です。彼らは街中のサラ金でことごとく借り尽くし、一方では高額商品を多数月賦で購入しては、それを現金で安くたたき売って生活費に充当しているんです」

そんなことを繰り返しているうちに、各業界のブラックリストに名前や住所が載ってしまい、サラ金ではカネが借りられなくなるし、月賦でモノは買えなくなる。そこで、そうした連中は、今度は関口のような身分証明書の偽造業者を頼って他人名義の運転免許証などを入手する。それを身分証明書として利用し、再びサラ金業者間を借り歩き、借りたカネは当然踏み倒す。一方で月賦でモノを買いあさる「割賦荒らし」を働くのである。

こうした行為をビジネスにしている暴力団構成員グループもある。たとえば、ブラックリストに載せられて動きの取れなくなった哀れな一般人に偽造身分証明書を数通準備してやり、金融業者をさんざん借り歩かせて荒らし回り、割賦販売業者からは高額商品を可能な限り買いあさらせては故買屋で換金し、支払代金は踏み倒す。そして、騙《だま》し取ったカネを買い付け担当の一般人と山分けして儲けるわけだ。

こうした連中を、一般に「サラ金殺し」とか「月賦屋殺し」と言っているようだ。バブル経済崩壊後の長期経済不況の昨今では、そうした種類の犯罪的行為が非常に増加傾向にあると取り締まり当局関係者は言う。しかし当局としては、それがあきらかな犯罪行為と確認できない限り、現行法の範囲では見て見ぬふりの民事不介入の姿勢を貫くとも言っていた。

ほかにも、公簿類を不当に利用する例として、戸籍類を違法操作で書き換えて養子縁組みを行い、氏名を別人に変えてしまうビジネスがある。これは何らかの事情で経済活動が不可能になった多重債務者などがよくやる手法である。

たとえば、宮本武蔵という人物が事業に失敗して、不渡手形や不渡小切手を多数出してしまったとしよう。すると、宮本武蔵の氏名が銀行などの金融機関のブラックリストに載ってしまい、借金はもちろん、割賦で物品を購入するのさえ不可能になってしまう。

こうした場合、氏名を佐々木小次郎とまったく別人に変えてしまえば、宮本武蔵は再度、経済活動ができるようになる。

この際には実印も必要とされるので、偽造業者の関口は、数枚の印鑑証明書も資金融資のときに提出させるのである。印鑑証明さえ取っておけば、そこに捺印《なついん》された印影を参考に偽物の印鑑を彫らせるのはそれほど困難なことではない。

印鑑証明は、不動産類の名義書き換えなどの用途にも利用できる。どうやら、関口の手がけている裏ビジネスは、単なる運転免許証やパスポートの偽造だけではなさそうなのである。他人名義の不動産を、何名分かの印鑑証明書を用いて巧みに名義変更して転売するような詐欺にも一枚かんでいるようにも見受けられた。

関口は香港《ホンコン》やフィリピンの各種密造業者ともいろいろな面で提携している様子であった。取得希望者さえいれば、一〇万円前後の金額でフィリピン製の偽造国際自動車運転免許証や、二〇万円以下で小型航空機などの本物の操縦ライセンスも斡旋《あっせん》販売しているのだ。そうしたライセンスビジネスの歴史は二〇年以上にもなり、最近は一部のマスコミも取り上げているようだ。

ただし、大金を払ってこうしたライセンスを入手しても、実際の技術がなければクルマを運転できないし、セスナ機やヘリコプターなどをうっかり操縦すれば、墜落死するのが関の山である。

関口の事務所で見かけた偽造品の中には、コルトやスミス・アンド・ウェッソンなどのフィリピン製偽造拳銃もあった。

彼はさすがに拳銃や麻薬の密輸には手を染めてはいないようだったが、フィリピン製の偽造拳銃が欲しければ、三万~五万円程度でいつでも入手できるとも言っていた。フィリピン製の手榴弾《しゅりゅうだん》も自由に手に入るようだ。ちなみに拳銃のことを業界では「チャカ」と称しているが、手榴弾の隠語はその形状から「パイナップル」と言うのだそうだ。

第五章　にんべん屋——証券業界を悩ませる偽造株券詐欺

古典となったM資金詐欺

世の中が不景気になると、そのつど決まって登場するのが、おなじみのM資金詐欺師諸君である。では、そのM資金とはいったい何なのだろう。ある歳老いたM資金詐欺師の語るM資金詐欺ストーリーは、おおむねこんなところだ。

第二次世界大戦で日本軍は米国をはじめとする連合国に敗北し、戦後の日本社会は精神的にも経済的にも荒廃の極致にあった。その日本を救済するために、米国が日本に巨額の資金供与を行った。金額は不詳であるが、その資金こそが詐欺師たちの語るM資金の発端である。

念のため言っておくが、これは根拠のある話ではなく、あくまでも詐欺師連中の語る創作と思って間違いない。

M資金のMに関する解釈にはさまざまあり、詐欺グループによって異なるストーリーが語られる。最も一般的に語られているのは、当時日本を占領していた連合国軍総司令官、マッカーサー元帥の頭文字のMであるというものだ。

しかし、そうしたMの解釈もしょせんM資金詐欺師のだれかが考えた、単なる詐欺活動向けの創作に過ぎない。そのウソのおかげで上場企業の代表者や映画俳優などが、このM資金の詐欺話に翻弄《ほんろう》されることになる。最後には自殺する事件も起きていて、一時期の週刊誌の売り上げにずいぶん貢献したようである。

だが最近では、このM資金詐欺は古典的な詐欺として分類されているようで、M資金の話はめったに聞かれなくなった。一九九〇年にバブル経済が崩壊してからも、二〜三度はこのM資金話を耳にしたが、騙《だま》される者がいないのか、M資金詐欺師連中は自然消滅の道をたどっている。この詐欺に騙される者が希有になったのは、週刊誌にとっては少々残念なことかもしれない。

M資金詐欺では、それなりに興味深いさまざまなストーリーが展開され、有名財閥や大物政治家の名前も頻繁に登場する。すなわち話全体が結構綿密に組み立てられているので、聞く者に対して少なからぬ夢や希望を与えていた側面も見逃せない。

夢の膨らむストーリー

参考までに、現実にあったM資金詐欺のほんの一例を紹介しよう。神奈川県の田舎《いなか》町《まち》に自宅のあった某M資金詐欺師の考案したストーリーはこうである。

このM資金は日本銀行の地下金庫に眠っていて、M資金を事実上管理しているのは当時の大蔵省で、融資の最終的な決定権を握っているのも大蔵省である、などというのが話の骨子なのだ。

融資を受ける資格のある者は上場企業の代表者個人であり、かつその企業が日本の基幹産業であるか、もしくは事業内容が基幹産業に深く密着している必要がある。またM資金を受ける事業目的が明確でなければならない。

そして具体的なM資金の授受方法についても、企業代表者の名刺がどうの、実印がどうのと、もっともらしい筋書きがあった。受け渡しの場所や融資書類の作成方法などについても、実に信憑性《しんぴょうせい》があり、聞く者の胸をときめかすような夢多きストーリーが組み立てられていたのである。

興味半分にこのM資金詐欺話を持ち歩く、神奈川県の田舎町在住の某氏の経歴を尋ねてみると、実におもしろい話が聞けた。

「自分は第二次世界大戦中、日本陸軍のスパイ養成所である陸軍中野学校を卒業したあと、軍上層部の密命により単身ひそかに中国大陸に渡りました。そこで中国の馬賊どもを配下に従えて、中国大陸における日本軍侵攻の後方支援作戦のために命がけで活動しました。中国各地を馬に乗って駆けめぐったのです」

　こうしたウソ八百をもっともらしく組み立てながら、スケールの大きな話をわれわれに語り聞かせるのである。聞くほうのわれわれは、ウソとは疑いながらも、小説か映画もどきの、夢のある興味津々なストーリー展開なので、ついつい聞き入ってしまうのだ。

　数年前にも、ある上場企業の若い広報部員は、また別のM資金詐欺師の語る話を興味深く聞いた代償を払うことになった。会社自体がM資金詐欺の被害に遭うことはなかったが、その詐欺師の口八丁手八丁に一人前三〇〇〇円の昼メシを数回たかられたうえ、数万円の交通費まで巻き上げられたという。そんな滑稽《こっけい》で情けない笑い話もたまに聞く。

　こうした作り話を持ち歩く詐欺師の中には、上場企業の元社長や元大蔵官僚などもいて、だれもが知る事件の裏話を無造作に話すので、聞くほうは疑心暗鬼になりながらも、いつの間にか信じさせられてしまう。妙な欲望やよからぬ野望があると巧妙につけ込まれて、つい騙されてしまうのだ。捜査目的にそうした話を聞き歩いている警視庁捜査二課のある刑事は、自分もつい借りてみたくなることもあるほど、おもしろい内容の話が多いと笑う。

株券詐欺はゼニカネばかり

バブル経済がはじけて、証券市場が長い氷河期に突入してから数年たったころ、つまり一九九四〜九五年になると、地場筋には精巧な作りの偽造株券が出回るようになった。この偽造株券にからむ事件も、M資金詐欺と同様、経済不況になると決まって起こる経済現象である。

ただM資金詐欺の場合だと、話に出てくる金額がウン千億円とかウン兆円とか異常なまでに大きい。また第二次世界大戦がどうとか中野学校や中国大陸がどうとか、大《おお》法螺《ぼら》が次々に出てくるなど、ストーリー自体が壮大である。そのため、騙す対象は上場企業になることが大半である。

だが偽造株券詐欺の場合は、売却・換金などと直ちにカネがからむ話になるので非常に現実味を帯びる。偽造株券は詐欺師によって換金目的で証券会社に持ち込まれたり、巧みに株券の流通に紛れ込ませて換金されたりで、とにかくゼニカネの話に終始する。また金額も比較的小さい。せいぜいウン億円からウン十億円程度の話ばかりである。

また、偽造株券詐欺がM資金詐欺と大きく異なる点は、M資金詐欺では、騙される側に対してたとえ一時的であるにせよ、大きな夢を見させているが、偽造株券詐欺では現実的に被害者には夢も希望もないままに損をさせてしまうところだろう。

たとえば、数年前のこと、大阪・北浜のI証券という中小証券会社が、偽造株券で四億円内外の被害に遭った経緯を見てみよう。まず、そのI証券の店頭に、中年の夫婦らしきカップルが現れて、株式取引を行う目的で取引口座を開設したいと言い出した。株取引でも銀行や郵便局と同様、取引口座がないと株式の売買が行えないシステムなのだ。

その中年夫婦が言うには、現金がないので株券を証拠金の代わりにして、株式相場をやらせてくれと申し出たのである。株式売買の証拠金は、必ずしも現金であることを要しない。信用に値すれば有価証券のたぐいでも十分であるため、このI証券では株券を証拠金代わりに預かり、快く新規の取引口座開設を受け入れている。

この夫婦は、その日は取引口座を開設するだけで引き揚げていった。そして数日後から電話注文による株式売買が行われることになる。何度か電話による株式取引をしたあと、ある日その投資家は担当の若い証券マンに「担保に預けてある株券も、ついでに売却・換金してくれないか」と申し出たのである。偽造株券とは知らずに市場で売却したところ、その売却金額は四億円を少々上回ったと、その証券会社では言う。

そしてその数日後、その投資家は電話で予告したうえで、口座開設時と同じようにカップルでI証券の店頭に現れると、証拠金代わりに預けた株の売却代金などを一切《いっさい》合切《がっさい》持ち帰ったのである。そんなことは株式相場の世界では日常茶飯事なので、I証券では特に不審にも思わなかったそうだ。

数日後になって、証券取引所から電話連絡があり、先日I証券が市場で売却した株券が、実は偽造株券だったことを知らされたのである。もちろん、偽造株券の売却代金は取引所に返却しなければならず、損害を具体的に被るのはI証券であるのは言うまでもない。

ブラックリストの要注意人物

個人で証券担保金融業を営む、東京・兜町《かぶとちょう》のS氏から聞いた偽造株券詐欺の話も紹介しよう。数年前のこと、見知らぬ投資家から株券が換金依頼に持ち込まれた。そのときS氏は瞬間的に、ひょっとして偽造ではないかとの疑いを抱いたという。疑いを持ったS氏は、換金には数日要するのでいったんは預からせてもらう旨を見知らぬ投資家に告げると、その株券を某信託銀行に持参し、窓口で真偽の鑑定を依頼したのである。

株式の売買では一般的に、株を売却しても、それが具体的にキャッシュになるのは、売却した日も数えて四日目になるのが、長年の業界の慣習である。したがって、S氏が見知らぬ投資家によって換金に持ち込まれた株券をいったん預かると言っても、その投資家は何の不審も抱かなかったのだろう。

S氏から株券を受け取った某信託銀行の窓口の行員は、ただ一言、少々お待ちくださいと告げると、その株券を持って銀行の奥に消えてしまった。S氏がカウンターの前のソファに座り、二〇分待っても三〇分待っても、その行員は現れない。S氏はいよいよ、偽造株券に違いないと思う。

そしてS氏は不安を感じ始める。こんなところにぼやぼや座っている間にパトカーがやってきて、冷たい手錠が自分の両手首に食い込むことになるかもしれない、と。S氏は結局、先ほど窓口に預けた株券を放置したまま、その信託銀行を逃げるようにして立ち去ってしまったのである。

その後、偽造とおぼしき株券を換金に持ち込んだ投資家は、二度とS氏のもとに現れなかった。信託銀行のほうでも事件に発展した様子がなく、真偽のほどはうやむやのまま時間が過ぎた。ただS氏は、銀行には内部の隅々まで監視するカメラが据え付けられてあるので、いずれ警察ざたになることを覚悟していたという。

後日、体調を崩したS氏は病院に行き、検査の結果、喉頭《こうとう》がんが発見されて、一年ほど入退院や通院を繰り返すうちに、ついに病院で死亡した。したがって、その株券の真偽のほどは、ついに不明のままとなった。

だが、S氏周辺でいろいろ聞いてみると、その株券は、実はS氏が関西のヤクザ仲間と手を組んで、どこからか入手した偽造株券だというのだ。S氏は偽造株券と承知のうえで、換金しようと信託銀行に持ち込んだようなのである。

S氏は金融業者であるから、偽造と発覚しても、客が換金に持ち込んだ株券だという釈明が通用すると判断したのだろう。S氏はもともとブラック筋と結託し、盗難株券の売買や、怪しげな手形や小切手のたぐいをいじくり回す傾向のある人物であった。警視庁のブラックリストにも氏名の載っている要注意人物だったと、あとになって聞いた。

にんべん券の取引相場

一九九〇年代も半ばを過ぎ、株式市場が極寒《ごっかん》の氷河期に入ると、市場の出来高が連日三億株内外に落ち込み、プロ投資家の面々も株式相場で生計を立てるのが不可能になった。

ここで言うプロ投資家とは、一年中兜町界隈《かいわい》にたむろする仕手グループをはじめ、相場でメシを食う、いわゆるプロ投資家の面々のことである。そうした人種を地場筋では「ゴキブリ族」などとも呼ぶ。

株式市場が氷河期に入り、株式相場ではいくばくかの生活費も稼げなくなると、彼らは自衛手段として、自ら好んで偽造株券を扱い、何らかの方法でメシの種にしていた模様である。彼らは偽造株券のことを「にんべん券」と称していた。

隠語を用いる理由は、たとえば喫茶店やレストランなど、常に他人の耳のある場所で、大きな声では「偽造株券」などの言葉を口にして周囲を刺激すると、不審に思われるからであろう。証券業界には、そうしたさまざまな隠語がある。

偽造株券をにんべん券と呼ぶ由来について、ある偽造株券仲介業者は、偽造の偽の字の「にんべん」から来ているのだ、と言う。また、偽造株券のことをにんべん券と呼ぶように、偽造株券詐欺師の連中のことを「にんべん屋」と称していた。

たとえば、どこからかソニーの偽造株券を入手してきたプロ投資家が、それを現金化したいような場合、金融屋やプロ投資家仲間に電話をして、「ソニーの偽造株券を換金したいんだが……」とは言わずに「ソニーのにんべん券が五万株ほどあるんだが、どっかで換金できないか……」などと隠語を用いるのが普通である。

にんべん券が頻繁に出回った一九九七〜九八年当時の、にんべん券の闇取引相場は、その銘柄の時価の五パーセント程度であった。つまり、時価一株五〇〇〇円の銘柄のにんべん券相場は、一株が二五〇円ということである。後に偽造株券が市場で警戒されるようになると、にんべん券相場は二パーセント程度にまで暴落してしまった。

にんべん券相場が暴落したのは、偽造株券があまりにも頻繁に市場に出回ったため、各証券会社や金融業者が、出所のあいまいな株券に関しては売買を拒絶するようになったからである。たとえ現物が店頭に持ち込まれたとしても、換金しない。いかなる目的であっても、これを持ち込んだ投資家を相手にしないようになったのである。

投資家が買った株は、買った証券会社で売るような方策を立てる証券会社もあった。投資家が証券会社から自分の買った株券を持ち出そうとすると、担当の証券マンがやってきて、何とか持ち出しを阻止すべく、さまざまな方策を講じたものである。

昔から持っていた株券をどうしても換金したい場合には、その株券を買った際の売買報告書を添付させることにしたり、いったんはその株券を証券会社で預かって、真偽のほどを慎重に見極めてから売買する方向に変わったりしたのだ。

真偽を鑑定するのは信託銀行に依頼するのが一般的な方法であるが、やがて信託銀行はその件数があまりにも多いので、よほどの理由のない限り、鑑定を断るようになってしまった。何かと多忙な中を面倒な鑑定作業をしても、鑑定だけでは儲《もう》からないからである。

だれが偽造しているか

偽造株券の出所を手繰っていたある新聞記者が、地場筋を取材して回っているときのことだ。取材に立ち寄ったある証券担保金融業者の口から「あんまりしつこく取材して回ると、あんた、命が危ないから、いい加減にやめときなよ」と、忠告なのか脅しなのか、はっきりしない言葉を投げかけられたそうだ。あまりに薄気味悪かったので、結局、それ以上の取材を中止したという。

地場のブラック筋たちの話をまとめると、偽造株券の出所と言われているのは、つまりこれを印刷しているのは、台湾《たいわん》の大手の暴力団「竹聯幇《ちくれんぱん》」ということである。そこで印刷されたものが日本の大手暴力団の手に渡り、暴力団系金融業者やその他のルートをたどって、最終的には証券業界に流れ込んでいるというのだ。ただし、これは単なるうわさであって確証のある話ではない。

ただ、台湾という国が昔から高度な印刷技術を誇っているのは、国際的にも知られるところである。株券の偽造くらいは屁《へ》の河童《かっぱ》だと、ある在日台湾人は言う。

不思議なのは日本の警察である。警察にはそれなりの設備と人員と技術がありながら、どうしたわけかこれを放置していたことだ。偽造株券が巷《ちまた》に出回っているという記事は、新聞・雑誌などで目にしても、その犯人が逮捕されたニュースは見たことも聞いたこともない。

そして、ブラック筋の間に、偽造株券はおいしくないばかりか、触るとヤバイぞ、という風評が蔓延《まんえん》すると、偽造株券はたちまち地場筋から姿を消してしまう。

そしてにんべん券に代わって市場に登場するのが、一時期マスコミをにぎわせた諸《もろ》諸《もろ》の盗難株券である。いかなる方法にせよ、盗難株券を売却・換金するのは、盗品等に関する罪という刑事犯である。その筋の話では、こうした事件のほとんどは、中国人をはじめとする在日外国人による犯行だというのが通説になっている。

二〇〇三年の今日に至っては、刑務所もそうした外国人で超満員状態で、これ以上収容することが不可能なところまで来ている。つまり、犯人の収容施設不足に困窮した警察は、外国人犯罪者の逮捕に手加減せざるを得ないところに来ていると聞く。しかも、今後ますます、その傾向が激しくなると予測されているのだ。

証券会社や金融屋筋では、偽造株券のときと同様に、換金依頼に持ち込まれる株券の売却に際しては、売買報告書の添付を条件にした。そのため、売却・換金が困難となり、盗難株券による被害は意外に少なくなっている。

だが、日本の株券は、国際市場でも、たとえばニューヨークでもシンガポールでも香港《ホンコン》でもロンドンでも、どこの国でも通用する現金同様の有価証券である。

盗難グループの手で、ひそかに海外に持ち出されて、どこかの市場で換金でもされようものなら、日本の取り締まり当局には打つ手がない。現に、行方がまったく不明になっている株券の盗難事件は少なくないと、ある大手証券会社幹部の一人は言う。

もっとも昨今のように、証券取引の世界におけるネット取引の普及率が高くなると、株券の現物を流通させる必要がなくなり、偽造株券や盗難株券といった犯罪の入り込む隙《すき》はなくなるのだろう。

第六章　軽油密造——色抜き重油を密売し、脱税分は丸儲《まるもう》け

脱税すれば利幅が大きい

取り締まり当局は一向にご存じないよう見受けるが、「軽油密造」というのは、消費地にごく近い、どこかの隠れた場所で、今日もひそかに行われている。何もマスコミで報道されたときに限って密造が行われていたわけではない。

軽油引取税のべらぼうに高い昨今では、軽油密造を行い、それを定価で売るだけでいい。定価の約三〇パーセントが税金なのだから、脱税さえ行えば、一年もすると確実にひと財産を築くことができる。軽油引取税の支払いを逃れると、その脱税分をそのまま利益として懐に入れることもできるし、まともな業者と競争するために売値を下げることもできる。

したがって、何をやっても儲からないバブル崩壊後の裏社会では、ここに述べる軽油密造が大人気なのも容易にご理解いただけるだろう。

ところで、軽油密造という裏ビジネスは、それがオイル製品だからといって、わざわざ原油から精製しているのではない。

マスコミなどで報道される軽油密造事件の記事を読むだけでは、実情を知らない読者諸君が誤解するのも無理はない。軽油密造業者は大きな石油精製設備を持っていて、石油の専門家が原油から軽油を密造していると思われがちである。

しかし普通の場合、マスコミで報道される密造軽油というものは、実は単なる重油の色を抜いたものに過ぎないのだ。

一口に重油といっても、一般にそれにはA重油からD重油まである。その違いというのは、重油に含まれるパラフィンやアスファルト、その他の不純物質の含有量によって、おのおののランクに区別されている。その中で最も高品質のA重油は、ほぼ軽油に近い成分なのである。一方、最下位に分類されているD重油ともなると、風呂屋《ふろや》で湯沸かしに使う燃料や、火力発電などの燃料として用いられるのが主な用途である。

そんな中で軽油密造に用いられるのは、つまり色抜きに用いられるのは、重油の中では最高品質のA重油に限られているようだ。A重油というのは、むしろ軽油に黒色を着色したものに過ぎないとも言われる。したがって着色されたその黒色さえ抜いてしまえば、そのまま軽油となるわけである。

そもそも軽油密造などという、やっかいなことが行われる理由はなぜだろうか。それは、いまのように世の中が長期にわたって不景気で、どんな商売をやってもさっぱり儲からないからである。ましてや、そんな時期に利益幅の薄い軽油を普通に仕入れて普通に売っていたのでは、儲けなどはスズメの涙ほどでしかない。

そこで、いっそのことコストの安いA重油を仕入れてきて、その色抜きをやってガソリンスタンドなどに売ろうというわけだ。密造する者が儲かるのは当然としても、ガソリンスタンドにとっても通常の仕入れより低価格で仕入れることができるとあっては放ってはおけない。密造軽油を仕入れて普通の価格で売れば利益幅も大きいので、双方にとって万々歳というわけである。

現在の軽油小売価格はだいたい、一リットル当たり九〇円程度である。一方、都道府県に支払わなければならない軽油引取税は、一リットルにつき三二・一円である。だから、自分の密造工場で軽油を作って売れば、一キロリットル当たり三万円以上もの脱税ができる。もちろん脱税分は軽油密造業者の懐に入る。

石油業界おなじみの裏稼業

東京都下に住んでいる軽油密造の専門家、大野氏（仮名）は、密造を始めた経緯についていろいろと語ってくれた。大野氏は歳のころなら、かれこれ五〇を超えたくらいだろうか。彼は都内の高等学校を卒業すると、すぐに石油業界に入った。彼の親戚《しんせき》筋の中に都内でガソリンスタンドを手広く営む者がいたため、ごく自然に石油業界に飛び込むことになったのである。

以来三〇年余、彼はこの道一筋とでも言うべきか、いわゆる根っからのオイル野郎なのである。その大野氏は言う。

「バブル経済がはじけてからのこの一〇年あまりのように、景気が悪くなり何をやっても儲からない時代になると、われわれの石油業界では重油の色抜きのような裏ビジネスが必ず流行します。なぜなら不況になると、決まって消費者はガソリン代が高いと愚痴を並べ始めるし、工場や工事現場では重機類の燃料に使う軽油価格に関して、われわれ業者に対する値下げ要求の声も激しくなるんです。

そうした業者たちが、軽油の値下げをわれわれに要求する理由は、工事現場の経費を切り詰めて、その分自分たちの利益を確保するためにほかなりません。石油製品は産業のコメと言われるほど絶対的な必需品でありながら、不景気になるとまっ先に切り詰めの対象になるんです。

こうした場合、われわれは利益幅を確保しながら他の業者との競争力をつけるために、重油の色抜きをやって軽油を作り出さなければなりません。大型トラックを大量に持つ大手運送業者や、クレーン車にフォークリフト、あるいはブルドーザーにダンプカーなど多数の工事現場の重機類を動かし、軽油を大量に使ってくれる建築工事業者に格安に納めるんです。われわれの色抜きした軽油は、市販の純正軽油よりエンジンにパワーが出るという運転手も少なくないんです。世の中が不景気になると、われわれ石油製品業者は、過去にも現在にも、何度も何度もこの色抜きを繰り返し行っています。われわれにとって不況という急場をしのぐための切り札が色抜きなんです」

つまり大野氏の話によると、重油の色抜きは、特にバブル経済崩壊後の不況期の現在に始まった仕事ではなく、石油製品販売業者の裏稼業として、世の中が不況になるたびに何十年も昔から繰り返し行われてきたというのだ。

格安な軽油を供給するために色抜きを繰り返したと大野氏は言うが、製造費が安く済むから格安にできるわけではない。繰り返しになるが、一リットルにつき三二・一円という軽油引取税を支払わないからこそ、大幅な値下げができるのだ。

本来なら、重油色抜きのことは「密造」ではなく、「変造」とでも表現するのが正しいのだろう。しかし、税金を払わない、当局には絶対秘密の裏稼業だからこそ、「密造」と呼ばれるのである。

また、重油はいかに発火点が高いとはいえ、一つ間違うと大火災につながる。このような危険な重油の色抜き作業を、所轄の消防署の検査も、あるいは許可もなしに、さらには何ら危険防止設備もない工場で行っているわけだ。もちろん、管轄の警察署にも無届けである。やはりこれは「密造」と呼ぶのにふさわしいのではなかろうか。

ほかにも秘密にしなければならない理由がいくつかある。その一つは、A重油の色抜き作業に際しては、極度にキメの細かいカルボラフィン（活性炭）と同時に、普通の手段では絶対入手不可能な、純度が一〇〇パーセントに近い濃硫酸を大量に使用する。これらを入手して合法的に作業を行うには、さまざまな法的な網がかけられているのだ。それを一つ一つクリアするとなると、とてつもない時間と経費が必要になる。

しかも、色抜き工程で生じるそうした濃硫酸を含んだ不純物も、本来ならば法定の産業廃棄物処理業者に委託して、彼らの手で安全な場所に廃棄処分しなければならない。軽油密造業者たちはそうした業者への支払いを切り詰めるために、違法を承知で自分勝手に投棄処理する。だから、すべてが秘密裏に行われるのである。

軽油密造業者の大野氏は、その廃棄の実態についてこう語る。

「濃硫酸を含んだ危険な廃棄物は、最初のうちは密造工場の近くに大きな穴をいくつも掘って、そのつどその穴に深く埋めていたんです。しかし、わざわざ大きな深い穴を掘るのも面倒だし、近所の子供たちやお年寄り、それに近所の飼い犬などがその穴に落ちる可能性もあるので、危険極まりないんです。

濃硫酸入りの廃棄物がその穴にたまると、底なし沼のようなドロドロの状態ですから、穴を掘って埋めるのはやめました。その代わり、そのつど何本ものドラム缶に分けて廃棄物を入れ、深夜になってからひそかにトラックに積み込みます。そして少々遠くても山へ持っていって谷底に向けて投棄したり、海に持っていって水中投棄したりもしました。

それが違法行為とわかっていても、そうしないと経費がかかり過ぎて、儲けが出ないんです。廃棄物を合法的に処理している軽油密造業者なんか、いまも昔も一人もいるはずがありませんよ。マスコミで問題にされる産業廃棄物は、空き地に山と積み上げられた古タイヤや古畳、パチンコ台、あるいは医療廃棄物などですが、われわれの出すこんな濃硫酸入りの危険なものだって、どこにでも打ち捨てられていますよ」

驚くべき実態である。端的に要約すると、合法的にやっていてはカネ儲けどころの話ではないという意味である。

元売り業者の横流し

それでは、そのA重油はどこからいくらで仕入れるのか。大野氏に聞いてみたが、違法な仕入れルートが使われているため、詳しくは教えてもらえなかった。ただ、「重油元売り業者の横流しなんだよ」とだけ明かしてくれた。

つまり、元売り業者の現場責任者が、仕入れに来た大野氏のような危険物取り扱いの無資格業者を見て、こいつは口の固いヤツだと判断すると、通常の卸値よりはるかに安い値段で重油の横流しに応じてくれるのである。もちろん、この場合の支払いが現金払いなのは、言うまでもない。

横流しといっても、この場合は石油缶やドラム缶などのような少量の横流しなんかではない。月間にするとタンクローリー何台分もの横流しである。元売り業者のタンクがいかに巨大とはいえ、一回に一五キロリットルだとか二〇キロリットルだとか、大変な量の横流しになると、どこかで発覚するのは当然だろう。

そこで、この量の激減を元売り業者の現場責任者はどう穴埋めするか調べてみると、これが実に興味深い話なのだ。

ある元売り業の現場で働く従業員は言う。

「重油の減った分だけ、ただ単に太いホースでドボドボと水を足してやるんですよ。素人は水なんか足して大丈夫かと驚くかもしれないけど、タンクに水を加えた場合、水が石油製品と混ざらないのは、『水と油』のたとえからもわかるでしょう。

むしろ比重の関係で、入れられた水はタンクの底に沈んでたまるんです。ですから量の検査のときにも、重油タンクの表面の目盛りだけを調べたのでは、めったにばれません。しかし、ベテラン検査員ともなると、タンクの底に検査器具を沈めて、底のほうの状態を調べる場合もあるので油断は禁物ですよ。

それに水なんか入れなくても、こうした石油製品のタンクの底には自然に水がたまるんです。それはこの業界ではだれもが知っている現象です。このタンクの底に自然に水がたまる現象を、業界では『汗』がたまったと言うのです。

この『汗』がたまる現象は、ガソリンや灯油などの石油製品にはつきものです。論より証拠ではありませんが、どこのガソリンスタンドでも、道具を使って調べてみると、タンクの底には大なり小なり必ず水はたまっています」

横流しで減った分の重油をいかにしてごまかすかは、横流しを行った石油元売り業者の現場責任者の才覚次第というわけである。

こうした横流し重油を相場の半値程度で買ってきて、それに重油運搬のタンクローリーの運賃を加算して、さらにそこにA重油の色抜き加工賃を加えたものが、密造軽油の製造原価ということになる。いちいち細かい数字を挙げるのはここでは避けることにするが、脱税分も利益に加算して考えると、一リットル当たりの純益を四〇円として計算しても、一五キロリットル見当のタンクローリー一台分の軽油密造販売で得られる利益は、なんと六〇万円にもなる計算である。

軽油密造販売量は、その密造工場の設備にもよるが、前出の大野氏の場合で一日に三〇キロリットルという。つまり、日々の儲けは単純に計算して一二〇万円ということになる。軽油密造業者の大半は、連日の派手な飲み食いはもちろん、夜ごと酒池肉林を地で行く欲ボケ生活を送っているが、軽油密造という裏ビジネスがこれほど儲かるとあっては、それもうなずけよう。

カネ儲けには危険がいっぱい

軽油密造の具体的な手順について大野氏とその仲間の面々から教わってきたので、それをざっと記しておこう。ただし、あまりにも具体的かつ詳細に述べてしまって、いかにも軽油密造を奨励しているがごとき誤解を受けても困るので、説明はあくまでも簡単な手順という範囲にとどめておきたい。

まず手始めに、買ってきたA重油を適当なタンクに適量入れ、これに濃硫酸を適量加え、満遍なく適当な時間攪拌《かくはん》してやるのである。攪拌する目的は、A重油に含まれる色素をはじめとするその他諸々《もろもろ》の不純物を濃硫酸に吸着させるのが目的である。したがって攪拌の所要時間は、タンク内の重油の量にもよるし、重油を入れたタンクの形状によっても、多少異なってくる。

次に濃硫酸入りの重油を攪拌する方法である。電動モーターを用いたブロウワーでタンクの底からタンク内に強力な圧縮空気を送り込んでやるのである。するとタンク内の重油は、轟音《ごうおん》を上げて全体的に混ざり始める。これを適当な時間継続してやれば、濃硫酸は不純物を十分吸着する。これで攪拌作業は完了である。

次に不純物をたっぷり含んだ濃硫酸をいかにしてタンク内から抜いてやるかの問題が残る。この問題は、重油と濃硫酸の極端に異なった比重差を利用すると、思ったより簡単に解決する。

具体的には、攪拌するブロウワーのスイッチを切ると重油の攪拌は停止し、次の瞬間から、比重の重い不純物を吸着した濃硫酸の沈殿が始まる。そして、濃硫酸の沈殿が完全に終了する頃合《ころあ》いを見計らって、タンクの底部から不純物を吸着した濃硫酸を抜くのである。

しかし、この作業を甘く見てはいけない。濃硫酸が跳ねて衣服に付着したりすると、衣服は穴だらけになってしまう。うっかり作業員の目に入ったりした場合、早急に濃硫酸を除去しないと、失明に至ることも決して珍しくないのだ。

濃硫酸を除去するには、紙や布でふいたり吸い取ったりするのではなく、濃硫酸が網膜や視神経を侵す前に、大量の水を勢いよく目に流してやって、濃硫酸も水といっしょに流し去る方法を取る。

もちろん、濃硫酸を重油の入ったタンク内に注入する作業でも、抜く作業と同様に、細心の注意を払わないと、とんでもない事故を誘発する。カネ儲けには、危険がいっぱいというわけだ。

とにかくタンクの底から濃硫酸を、完全に近い状態にまで抜き終えたと仮定しよう。しかし、それでもまだ重油の中には、タンクの底に沈殿せず、重油に混入したままの残留濃硫酸が相当量残っていると思わねばならない。では、今度はその残留濃硫酸をいかにして除去するかの問題になる。

たとえばここで、その残留濃硫酸を完全に除去しないままに、ディーゼルエンジンなどの燃料として軽油を販売したとしよう。その軽油を燃料に用いたエンジンは、軽油に混入した残留濃硫酸の影響で、たちまち使用不能のスクラップに変身してしまう。濃硫酸をひと通り除去しただけでも、においや色は軽油そのものなのだ。

悪徳軽油密造業者は、この段階で出荷してしまうので、これを買った運転手やそのクルマのオーナーはあとが大変だ。まもなく大切なトラックや工事関係の重機類のエンジンは残留濃硫酸に侵されてしまい、使用不能のスクラップになってしまうのである。いくら密造軽油の価格が安いからといって、決して油断して使用してはならない。安い値段の裏側には、こうしたワナが待ち受けている。

それでは、良心的に軽油に混入した残留濃硫酸を取り除く方法であるが、これには先に述べたカルボラフィンの微粉末を用いるのである。重油を攪拌して濃硫酸を抜いたあとのタンクに、今度は適量のカルボラフィンを混入する。そして、再びタンクの底から圧縮空気を一定時間送り続けて、内部を徹底的に攪拌するのである。そうすることによってカルボラフィンの粉末は、重油に混入している残留濃硫酸を吸着してくれるのだ。

あとはこの残留濃硫酸を吸着しているカルボラフィンを、タンク内から取り除くのである。その方法は極めて簡単だ。タンクの底にある圧縮空気を送った穴から、中に入っている残留濃硫酸を吸着したカルボラフィン入りの重油を抜くだけでいい。このとき、その穴から自重で落ちてくる重油は、そのままパイプを通して濾過《ろか》装置に送る。その濾過装置で残留濃硫酸が吸着した状態のカルボラフィンを濾過・除去するのである。

機材はだれでも入手できる

おもしろいのは、軽油密造業者が濾過作業に用いる機材である。それには植物性食用油を絞るときに用いる濾過装置が最も効率よく便利なのだ。こうした食用油製造機を販売しているところは、電話帳などで探すことができる。

そうした食品製造機を扱っている販売店では、重油を入れる大きなタンク、それにタンク内を攪拌するモーターやブロウワー、こうしたものをすべて見つけ出すことができる。

しかし、何も値段の高い新品を買うには及ばない。稼働さえすれば中古品で十分である。

それでは、そうした機材を中古でそろえるには、いったい、いくらくらいの予算が必要なのだろう。これは一日に生産しようとする密造軽油の量にもよるのだろうが、前出の大野氏の実例を参考にして、一日に三〇キロリットルを密造する設備を考えてみよう。

まず、一〇キロリットルの入るタンクは、植物油製造用の中古品を購入すれば二〇万円。ブロウワー用のモーターと、密造に使うホース類が合わせて二五万円。カルボラフィンを攪拌したあとの濾過装置が一五万円程度。それに密造工場として使うために製材所の跡を借りて前家賃が一〇万円、ほかに敷金・礼金が合計で五〇万円かかっている。

そのほかにはバケツ数個、スコップ数本、ロープやウエス類、工具類などに全部で五万円を要している。ほかにも工場内の水道の位置を直したり、何だかんだで大野氏の場合は総計一五〇万円で軽油密造の準備が完了した。もちろん、必要なものは順次買い足していっているが、それでも二〇〇万円までは必要なかったと大野氏は言う。

濃硫酸やカルボラフィンが必要なのは言うまでもないが、こんなものはわざわざ計算する必要もないようなわずかな金額なのだ。原料のA重油の購入代金も必要だが、工場が稼働し始めると売り上げ収入も同時に入り始めるので、特に問題にはならない。工場の電気代、水道代と合わせても、これらは投下資金ではなく回転資金として計算できる。

製造工程に興味のある方は、おそらく色抜きで用いる濃硫酸やカルボラフィンの量の問題について、あるいはタンク内での攪拌や沈殿に要する時間の問題などに興味があるに違いない。しかし、これ以上、ここで述べるのはやめておこう。この本は軽油密造に関するノウハウ書ではないからである。

なお興味のある方は、中高生時代に学校の化学や理科の時間に、ちょうど実験室でやったように、試験管やフラスコなどを買いそろえて具体的に実験してみることだ。多くの軽油密造業者たちは、そうやって色抜きのノウハウを探り当てているという。

こうして軽油密造工場は稼働を開始するのだが、実は本当に気をつけなければならない問題がここから始まると言っても過言ではない。

まずは、軽油密造の話が同業者間に伝わるのは想像以上に早く、よほど気をつけないと関係当局に密告されてしまうのである。

特に大金を儲けていたりすると、とにかく細心の注意が必要になる。大儲けに焼きモチを焼いた同業者が、「チクリ」と言われる密告をするのである。密告先としては、先にも述べた都道府県の軽油引取税を担当する部署が挙げられる。次が地元の税務署や消防署、警察、マスコミなどである。

多くの場合、軽油密造工場に使われる場所は、経営不振で閉鎖されたような、人里離れた郊外の工場跡地が多い。そのため、取り締まり当局の目に触れることはめったにない。当局の手入れがあったほとんどのケースは、何者かのチクリによるものなのだ。

密告するのは、密造工場の所在を知る取引先の人間や、密造軽油を運搬する目的で工場に出入りするタンクローリーの運転手が圧倒的に多い。要するに、何らかの形で密造や売買にかかわる仲間の場合がほとんどなのだ。

関係当局の取り締まり係官が、タンクローリーの頻繁に通る街道筋などに張り込み、怪しげなタンクローリーに停止を命じて積み荷の臨時検査をやる場合もある。

検査官はタンクローリーの上によじ登り、運転手にタンクのフタを開けさせ、タンク内部をのぞいてみたり、小さな容器をタンク内に差し入れて、内部の液体の一部をくみ上げて検査を行う。これをやられると密造軽油はたちどころに露見する。密造軽油の色は、普通の軽油と比べると、かなり黄色みを帯びている。

積んでいる荷物が密造軽油だと発覚すると、密造工場には警察や消防署から大勢の捜査員がやってくる。危険物がどうの消防法がどうのといって、工場はたちまち閉鎖の憂き目に遭うわけだ。そして最後は脱税容疑で摘発されるのが、普通の手順のようである。

なぜ軽油が人気なのか

各種ある石油製品の中でも、密造されるのが最も多いのは軽油である。前出の大野氏にその理由を尋ねてみた。彼の言を借りると、こうである。

「軽油が密造の対象にされる最大の理由は税金面にあるんです。つまり、これはずっと地方税扱いですから、課税も徴税もそれぞれの都道府県の管轄になります。東京なら都庁内に担当部門がありますし、神奈川県下なら当然、担当部門は神奈川県庁内にあります。北海道だったら道庁内です。おもしろいのはそこなんですよ。

徴税に関しても、日本のお役所には縦割り行政の弊害があります。ここでも役人の縄張り根性がむき出しになってるんです。ですから、密造業者が東京都下の青梅《おうめ》の山奥で密造して、それを山梨県や長野県で売ったとしたら、密造販売が二つ以上の県にまたがります。ここでお役所の仕事は壁に突き当たるんです。

仮に、その壁を乗り越えて軽油密造の調査・摘発をやるとなると、さまざまな形式的な手続きを踏む必要があり、役所間の手間暇が大変になるんです。われわれにはそれがむしろありがたいんですが……。

ガソリンの密造だと国税扱いになりますから、縄張りがありません。だから、税務署は地の果てまで追っかけてくるんです。やっぱり密造は軽油に限りますね」

つまり、担当の係官にもよるのだろうが、県が二つ以上にまたがった段階で、調査

・摘発はほとんど行き詰まってしまうというのである。

また、これも大野氏の話の要約であるが、軽油密造には特別な技術が必要ないことも理由の一つである。密造というと仰々しいが、事実上は単純な色抜き作業であるし、時間も設備もほとんどかからない。

重油や軽油は比較的発火点が高く、火災の心配が皆無に近いというのも、軽油が密造に適する理由の一つのようである。

発火点が高いということでは、興味深いエピソードがある。ある軽油密造工場でのことであるが、ある日そこに密造軽油を引き取りにタンクローリーがやってきた。ところが密造軽油は、まだ製造工程の途中にあった。

工場の中ではオイル臭や、そこら辺に付着した濃硫酸のにおいが、鋭く運転手の鼻を突く。運転手が工場の片隅に腰かけて、密造軽油の出来上がりを待っていると、そこに工場の現場作業員がやってきて、運転手に言ったのである。

「もう一五分くらいで一五キロリットルできるから、もうちょっとだけ待っててな」

そう言いながら、その工場作業員は口にくわえていた、火のついたタバコをすぐそばにあった重油満タンのタンクに投げ込んだのである。これを見て慌てたのはタンクローリーの運転手であった。瞬間的に大爆発を想像した運転手が、大慌てで逃げ腰になると、その作業員は大声で笑いながら言ったのである。

「重油は発火点が高い。タバコくらいじゃ火はつかねえよ」

案の定、そのタバコは重油の上に落ちると「ジューッ」という鈍い音を立てて火は消えて、沈んでしまったのである。何かの作業中にガソリンに引火した話はよく聞くが、重油や軽油の話は聞かない。

ある税務署のベテラン調査員は軽油密造について言う。

「軽油密造は、石川五右衛門《いしかわごえもん》の『浜の真砂《まさご》』（無数・無限であること）と同じで、絶対になくなりませんよ」

第七章　探偵屋——インチキ調査の地方巡業

調査権限のない調査屋

これから述べる「探偵屋商法」とは、商売と割り切ってしまうと、だれにでもすぐ始められるばかりか、結構カネの儲《もう》かる商売である。それに何よりも、ここに述べる話は昔話ではない。現実に、今日もその商売をやっている人の話を参考にしているのだ。「探偵屋」とか「調査屋」という職業は、一九九〇年に経済不況が始まって以来、今日もまた順調に増え続けている。

不況のこの一〇年間、日本列島では夜逃げや倒産が相次いだ。そのほかにも、さまざまな経済不祥事がいまでも後を絶たない。たとえば金銭がらみでは、会社のカネの使い込みや、公務員の公金横領に、金品の詐取などが挙げられる。

債務を踏み倒され、夜逃げされてしまった場合には、その所在の追跡調査をし、相手をつかまえて債権を取り立てようと考えるだろう。また金品を横領されたり、詐取されたりした場合には、その隠し場所を徹底的に調べ上げて、取られた金品を奪還したいと考えるのも当然である。

だが、それを実行するには調査実務という特殊な能力が必要になる。

それをやるのが「探偵屋」とか「調査屋」と呼ばれる職業なのだ。一般には「興信所」とも呼ばれている。これには法人組織でやる者もいれば、個人でやる者もいる。しかし奇妙なことに、それらの職業には法律で認められた調査権限がまったくない。そして、これまた奇妙なことに、法律で禁止されているわけでもない。つまり、特別に法的な調査権限は認められていないが、その代わり特に禁止もされていない。やりたい人は勝手にやりなさい、と解釈することが可能である。不思議なことに、まったくの野放し状態というわけだ。

だから、電話帳で探偵とか興信所というところを見ると、何ページにもまたがって電話番号と広告が羅列されている。法で保護された職種でもないのに、こうも多いところから考えると、それはよほど儲かる職種とも判断できる。

公認されてもいなければ、禁止されてもいない仕事だから、どうしても調査員の仕事の内容は、中途半端になってしまう。

必要なのは作文能力？

だが、その中途半端な部分を巧みにカバーしているのが、調査報告書を書く作文能力だ。

たとえば調査報告書では、ろくな調査もしていないのに、いかにも綿密な調査をしたように書く。実際の調査は、隣近所で聞き歩いただけだったり、あるいは役所でただ公簿を閲覧しただけだったりする。にもかかわらず、その調査報告書には「綿密な調査によれば……」などと、大いに苦労して調査したかのように作文する。

作文の上手な調査員ともなると、調査技術なんか皆無に等しいのに、いかにも調査能力に優れた調査員が、足を使って綿密に調べたような錯覚を起こさせる文章を書くのだ。

したがって、こうした事実を承知している調査員たちは、自分たちのことを「調査員」とは言わず、自嘲《じちょう》的に「作文屋」と呼ぶ。

それは、ちょうど「政治家」と「政治屋」の違いにも似ている。「政治家」と聞くと職業的使命感のある崇高な響きを感じるが、「政治屋」と聞くと、単にカネ儲けだけをやっている商売人といった響きを感じる。

ところでこの一〇年、リストラや会社の閉鎖・倒産で大勢の失業者が生まれているが、彼らの中でも、こうした探偵や興信所などの、いわゆる調査業界に就職した者は意外に多い。

調査業界に入る者が多いというのを逆に見ると、他の業界に比べて調査業界の需要が多いということである。長期不況で社会的にも経済的にも激しい混乱が続いていれば、そこには必然的に、普通のサラリーマンには不可能な調査業務の必要性が生まれるということだろう。

「明日からでも出張可能ですか」

五二歳になる村本氏（仮名）は、二〇年以上にも及ぶ年月を中堅証券会社の調査部に勤務していた。ところが、会社は経費節減を理由に容赦なく大勢のクビ切りを行った。いわゆるリストラである。そして、無情にも村本氏もまた失業に追い込まれてしまう。どこの証券会社でも、調査部門のような非営利部門は経費ばかり食うといって切り捨てられていたのだ。

だが村本氏の場合、まだまだ働ける年齢である。毎日のように新聞の求人広告欄を見て、次の職を物色していると「調査員急募　年齢学歴不問　給四〇万円以上　歴送」という広告を見つけた。都心にある興信所の求人広告であった。村本氏は長い間、調査部に勤務しており、自分の調査能力にはいささか自信があった。彼はさっそく履歴書を送ったのである。

そして、興信所からは面接日の通知が来て、その日に面接に出向くのだが、そこで村本氏が驚いたのは、面接に来ている人たちのほぼ全員が、村本氏より年配と思われる中高年者ばかりということだった。そして村本氏の面接の順番がやってきた。村本氏の面接を行ったのは、その興信所の社長を名乗る人物である。

社長はこう質問した。

「ウチでの調査の仕事は、地方出張が主体になります。ところで、あなたは明日からでも出張可能ですか」

それだけだった。そして他の質問は一切なかったのである。村本氏は、やはり調査会社というのは、なかなか奇妙だなと思いながらも、特にやりかけの用事もなかったので、「もちろん出張は可能です」と答えた。

それを聞いた社長が言う。

「では、あなたの採用を決定します。

さっそくですが一週間の出張の準備をして、明日から出張していただきます。その出張期間中は、当社の調査業務の研修期間と思ってください。それと出張期間中の衣食住は、一切当社で負担します。

研修期間中に出張先で、自分はこの仕事に不向きと思ったら、その場で辞めていただいて結構ですよ。途中で辞めて東京に帰る場合も、帰りの交通費はウチで全額支給させてもらいますから……」

そういう経緯で、何が何だかわけのわからぬうちに、村本氏の就職は決まったのである。その翌日からさっそく、村本氏の研修旅行が始まった。

そのときに受けた研修内容を基本にして、村本氏は研修旅行以来今日まで、地方を回って稼いでいる。以下はその研修の内容である。

カネ集めのドサ回り

村本氏が研修係の三浦という先輩調査員とともに上野から電車に乗り、東北の寂れた感じの田舎町《いなかまち》に降り立ったのは、面接の日から二日目の午後だった。三浦氏とともに予約もなしに一軒の汚い旅館に入ると、三浦氏は早々に、宿の者に頼んでその町の電話帳を持ってこさせた。そして村本氏に言う。

「よく見ておけよ。次の町からはお前がやるんだ。お前の給料がいくらになるかはこれにかかってるんだ」

三浦氏はそう言うと、電話帳の法人のところを見ながら、無差別に会社を選んでは片っ端から電話を入れ始める。

「ああ、もしもし○○商会さんですね。私、東京から参りました××興信所の三浦でございます。実はお宅の会社についての調査依頼がありまして、それで二、三お尋ねしたいことがございますので、つきましては……」

こんな具合に、相手の会社に乗り込む約束を取りつけるのである。こうすると電話をもらった○○商会はもう大騒ぎになる。長期不況で、どこの会社にも一つや二つは後ろめたいことがあるので、それを東京の取引先がかぎつけて調査員を送ってきたに違いないと、勝手に早合点するのである。

当然、○○商会は直ちに三浦氏と村本氏のために、迎えのクルマを旅館によこす。そして会社に迎え入れると、ひと通りの世間話でお茶を濁してから、次はいよいよ接待攻勢に移るのである。接待の目的は言うまでもなく、調査依頼をしたと思われる東京の取引先に対して良い報告書を提出してもらうためと、狭い町でいろいろとかぎ回って、自分たちの粗探しをしないでもらうためだ。

接待の席上で先輩格の三浦氏は、自分の勤務する××興信所の調査券を買ってくれるよう、○○商会に上手に依頼する。○○商会は、報告書をよく書いてもらうために、三浦氏の言う調査券をある程度まとめて買うことになる。ほかにも、三浦氏と村本氏の旅館代を○○商会が負担したり、「いろいろ教えていただいた授業料」と称して金一封を進呈したりする。

三浦・村本の両氏は、こうして行った先々の市町村で、同様のことを繰り返しながら旅を続けるのだが、うまくいくと一週間から一〇日のドサ回りで、経費を差し引いても一〇〇万円前後のカネを持ち帰ることができるのである。

持ち帰ったカネは、最初からの取り決めに従って、カネ集めをやった調査員と興信所で分配するのである。分配の比率は普通三対七か四対六で、調査員側が多いのが一般的である。

カモに会うまで根気よく

旅先の旅館から地元の会社に電話をしても、すぐに思ったような反応がないときでも、カモにめぐり合えるまで根気よく根気よく次々に電話を繰り返すのである。仮に、ある家電製品の部品製造会社に電話を入れたとしよう。

「東京から来た××興信所の三浦と申す者でございますが……」

そう切り出したときに、先方が答える。

「ウチはこの一〇年以上、東京には一軒も取引先がないから……」

そういうときにはすかさずこう言う。

「実は、調査という職業柄、調査の依頼主に関しては一切秘密なんですが、特別にご説明します。私どもに調査を依頼した東京の、ある大手メーカーでは、この一〇年の長期経済不況で、取引先に大きな変化が起きてしまっているんです。

そんな中で、今回そのメーカーは積極的な経営体制に切り替えるべく、仕入れ先も販売先も、思い切って新規開拓をしている最中でして……」

こうして、たっぷり相手の気を引いてやるのである。その話を聞いたほぼ全社がこう考える。

「それでウチに目をつけたのだな。これはたぶんウチの仕事内容をチェックするために、わざわざ興信所を使って調査によこしたに違いない。それだったら何としてでも、ウチを次の新規取引先に加えてもらわなければならない……」

　そして、その田舎町の会社の経営陣は、全員そろって三浦氏と村本氏の応対に出るのである。夜になると、例によって地元料亭での接待攻勢が始まる。ここでも三浦氏は口実を考えては調査券を売ったり、お車代と称するソデの下をもらったりする。

　三浦氏と村本氏は、このパターンを繰り返しながら、約一週間、東北地方を調査巡業に回った。そして、そこそこのカネを集めて会社に持ち帰り、会社の取り分を経理に入金したのである。

　村本氏が、新聞広告に出ていた月収四〇万円について、三浦氏に尋ねてみると、彼はこう答えた。

「まじめにやりさえすれば、少なく見ても週に一〇万円程度の手取りなら、軽く稼げると会社は考えてるよ。オレは月に軽く一〇〇万円以上の稼ぎがある。地方のうまいものも食えるし、いい商売だよ。村本さんも早く一本立ちしなさいよ。

でも、ほとんどの調査員は出張先での飲み食いやオンナに使っちまう」

　村本氏は以来、同じ方法で、主に金沢、福井地域を縄張りに稼いでいる。

恐喝に走る調査員も

これは信用調査の形態を利用した、ただのカネ集め旅行であり、決して調査だなんて言える代物ではない。しかし、「こうして稼いでいる自称調査員の数は、東京都内だけでも一〇〇〇人を下らないよ」とは、××興信所社長のつぶやいた言葉である。

東京・銀座から昭和通り寄りの、三原橋に近いところには、××興信所だけでなく、都内にいる同業者のたまり場のような大衆酒場がある。彼らはドサ回りから帰ると、自然にそこに寄り集まり、自分が回った地域の情報を交換する。

たとえば、北海道で経営が危ぶまれる会社や工場の話。関西方面で新製品が大当たりして、業務が拡張している会社の話。そこでは、こうした会社がらみの情報のほかに、その調査員が受け持つ地域に関する政治や経済の情報から、さまざまな社会ネタも聞かれる。

当然、そうした話を聞きたくて、中央の新聞や雑誌の記者が出入りすれば、地方紙の記者もネタを仕入れに集まっている。こうした調査員は、調査を口実にしながら相手の懐に飛び込む。そのため、そこで得られる生きた情報は、興味のある立場の者から見ると、大変な価値があるのだろう。

もう七〇歳近いと思われる古参の調査員に、このような形の職業はいつごろから存在するのか尋ねてみた。温厚な表情の彼は答える。

「これは一種のごろつきのやる裏稼業で、オレの知っているだけでも、五〇年も前からあるらしい。四〇年も前にオレにこれを教えたのは、七〇過ぎの刺青《いれずみ》の男だったから、考えてみると歴史は古いんだな。

地方で調査巡業をやっていて偶然会社の秘密をのぞいたり、恥部をつかんだ調査員が、その会社を恐喝して結構なゼニを取ったって話もある。だが、それはこの稼業の仁義に外れるんだ。最近は勤務先が倒産したとか、リストラされたとかで、次々に若い人もこの業界に入ってくるが、彼らは強引な恐喝が専門で、よく地元のヤクザと揉《も》め事《ごと》を起こしてる。

彼ら若い連中は、この業界の暗黙の了解みたいなものを踏みにじり、一種の紳士協定をどんどん破壊している。世の中も変わったもんだ」

老人は寂しそうにそう言うと、黙ってその場を去っていった。

ある時期には、暴力団関係者がこうした裏稼業で恐喝を専門にやって稼いでいたこともあったが、最近の調査業界でも、若手の流入と同時に仕事のやり口が暴力団的になりつつあるのだ。

たとえば、一回でも面識のある会社には、「中央の企業情報リポート」などといった小冊子を印刷して、高い料金での年間購読を強いたりもしている。あるいは「会社録」だとか「会社年鑑」のようなものを作成して、「購読予約のお願いに参りました」などと言って、カネ集めもしている。

さらに、取り締まり当局に追い詰められたブラックジャーナリストや、暴力団対策法で収入源を絶たれた暴力団関係者が参加してくるのだから、老人の嘆きも理解できる。

これを放置すると、昔のように普通の会社や善良な市民が、ブラック筋の餌食《えじき》にされる時代の復活も懸念される。

しかし、信用調査の形態をまねたドサ回りのカネ集め商法は、やり方次第では今後もますます隆盛する商売ではあるまいか。

第八章　領収書屋——倒産会社の書類一式売ります

ヒントはバブル期の脱税工作

倒産した商店や会社の、本来ならば何の価値もない領収書やその他の書類をかき集めてきては、何らかの理由でそれを必要とする人たちに売却して儲《もう》けている人たちがいる。

バブルの時代、あの狂気のカネあまりの時代には、毎日のようにザブザブ入ってくるあぶく銭を脱税するために、どこかから領収書を買う者もいた。だが長期不況のいま、その領収書類の販売をやっているのは、かつてはそれを購入していたほうの人たちなのだ。

一九八〇年代、ゴルフ会員権業界は大盛況だった。当時は造成中のゴルフ場の会員権でも、その完成予想図を見せるだけで、まるで羽でも生えたかのように、安くても数百万円で飛ぶように売れていた。場所や規模によっては一〇〇〇万円以上の高値がついたものだ。

ところが昨今では、ご存じの理由でゴルフ関連ビジネスはゴキブリ一匹住まない業界に落ちぶれてしまった。高価だった会員権も、二一世紀に入ったいまでは、残念ながら紙クズ同然の価値しかない。

カネ集めの道具として詐欺同然の方法で造成・開発したゴルフ場、あるいは開発途中にあった全国各地のゴルフ場の会員権相場は、ツルベ落としに暴落を始め、ほぼ一〜二年のうちに、無価値な紙クズと化してしまった。

政府の行った総量規制を境に、ゴルフ会員権の紙クズ化現象の幕が切って落とされたのであるが、同時にゴルフ会員権業界には、倒産の嵐《あらし》が吹きすさぶことになる。そして同業界からは無数の失業者の群れが誕生するのである。

こうした業界の経営者たちは、その全盛期にはまるで熊手で庭の落ち葉をかき集めるように、札束をかき集めていた。

当時の経営者たちの考えることと言えば、例外なく脱税であった。そこで多くの経営者たちは、脱税目的に領収書と名がつくものを片端から買いあさっていた。もちろん、領収書は脱税工作のための架空出費を偽装するために用いたのである。

バブル経済崩壊後の長期不況で失業した人たちは、このバブル当時の脱税工作をつぶさに見ていた。

そうした人たちが、次々に倒産する同業他社のありさまを見ながら、それらの倒産会社の領収書を収集しておけば、いずれは売却・換金できるに違いないと考えたのである。

小切手帳・白地手形も入手可能

早々にその予測が的中することになるのは、バブル経済崩壊の混乱に乗じて火事場泥棒的に大金を稼ごうとする悪徳政治家や暴力団関係者、それに詐欺師的虚業家連中が出現したからであった。特に、悪徳政治家と水面下で結託しながら、地上げの後始末で黒いゼニをつかんだ連中である。また、最も混乱の激しかった金融業界でも、「稼いだ」というよりも「むしり取った」という表現が適切な方法で巨額のカネを懐にした連中が大勢いたのである。

そうした連中は、倒産したゴルフ場関連会社の領収書はもちろん、そうした倒産会社の使っていた小切手帳や白地の手形用紙を大量に入手しては、脱税の道具に利用していたのである。

こうした事実に抜け目なく目を光らせていたのは、ゴルフ場関連業界の者だけではない。一般の不動産業界の者でも、株式相場関連業界の者でも、不況で失業した連中の中にはめざとい者が必ずいた。

彼らが、倒産会社の領収書だけではなく、倒産した会社の小切手帳、あるいは白地の手形用紙などにも大量に需要がある事実をつかんだ以上、手を打たないわけがない。さっそく、あらゆる倒産会社関係者に手を回して、そうしたたぐいのすべての書類を大量に入手すると、それらの書類を販売するビジネスを開業したのである。

ウン百万円、いやウン千万円もの脱税をたくらむ者にとって、こうしたビジネスは非常に重宝した。希望する業種の必要書類が電話で注文するだけで即日入手できるうえ、それらの書類一式がウン十万円と格安で調達できるようになったのだ。彼らにとって、そんな金額は安いものであった。

古参の領収書屋ともなると、客から具体的な内容を指定されれば、どんな種類の領収書でも、あるいは領収書以外のどんな種類の書類でも、巷《ちまた》を歩き回って必ず調達してくるというのだ。こうなると、どうやらこの業種にも、裏ビジネスの世界における市民権が与えられるころかもしれない。

領収書の取引相場

このビジネスは、経済的混乱期にこそ可能なものである。現実に法務局の登記簿にも確実に証拠の残っている会社の書類でなければならないし、さらには対外的にもある程度の活動実績のある会社の書類でなければならない。

なぜならば、税務署の職員が納税申告書に含まれている書類に印刷されている会社名を見るとき、不審に思われてはならないからである。

税務署が不審に感じると、その実態はたちどころに調査できる。たとえば、大手町の東京国税局に行くと、そこには法人登記された全国のすべての法人がインプットされたコンピューターが設置されている。係官は不審な法人を発見すると、直ちにそれをコンピューターで照合する。

そうすると、たとえその法人が沖縄にあろうとも、あるいは北海道の根室にあろうとも、法人の所在する町名や所番地が即座にわかる。さらには代表者氏名や会社設立の年月日などから、現在の利益や過去の納税記録などのすべてが、その場で一目瞭然《いちもくりょうぜん》になるコンピューターシステムが完備しているのである。

したがって、たとえ倒産会社の書類があまりにも昔のものだと疑いをかけられる結果になる。つまり、税務申告などに使用する倒産会社の領収書や、小切手帳・白地手形のたぐいは、せいぜい一年以内程度のものに限られる。その程度だと税務署員も不審には思わないから、審査対象にはならずに無事通過する場合が多い。

ところで読者諸君は、そうした倒産会社の書類なんぞを買って脱税しようというほど儲かっている個人や法人は、この長期経済不況の中では、そうそういないのではないかと思うかもしれない。だが、不況で苦しいからこそ、少しでも税金逃れをしようとする人が大勢いるのである。

ましてや、外務省をはじめとする中央官庁の役人連中が、税金を湯水のごとく浪費しているニュースを目にする昨今である。それを知ったわれわれ国民が納税義務を放棄したくなるのも、これまた人情というものだろう。また政局混迷が長く続き、経済の見通しが不透明、と言うよりもむしろ、お先まっ暗闇とあっては、少ない収入からの納税は差し控えたいと考えるのも、これまた人情というものだろう。

このような事情から脱税をもくろむ者が、本物の支払い済みの領収書を買う場合もあるのだ。このケースの領収書の売買価格は、領収書の内容にもよるだろうし、買う側の懐事情にもよるだろうが、一般には領収書の額面金額の一〇パーセントないし二

○パーセントといったところが相場のようである。

いずれにしても、それら倒産会社の諸々《もろもろ》の書類を買うほうは、事情はどうあれ、脱税という違法行為に用いるのだ。売るほうも、それを十分承知していて売るのだから、脱税幇助《ほうじょ》という違法行為を犯していることになる。そんな違法な裏ビジネスに堂々と相場があるというのも妙な話だが、それがこの長期不況下の社会の現実なのである。

相場があるとは言っても、その商品は本来ならば、せいぜいチリ紙交換くらいにしか出せないような紙切れだし、ましてや買うほうの懐事情もあるのだから、取引価格はお互いの話し合いで決定されるのが一般的のようだ。

詐欺に使われる売り手形

この倒産会社の領収書やその他の書類の販売ビジネスを、他の似たような裏ビジネスと混同しないでいただきたい。それはたとえば、昔からある「売り手形稼業」とはまったくの別物だということなのだ。ここで言う「売り手形」とは、主に詐欺師連中が物品購入に際して用いる、つまり最初から不渡りになることを承知で利用されている、それらしい白地の手形用紙のことだ。

もちろん売り手形は表面上、だれの目から見てもきちんとした商業手形であるし、普通は手形割引のために金融業者が銀行照会などを行っても、銀行からは「大丈夫です」と回答の来るような代物なのだ。これは脱税目的に税務署の目をごまかすだけが狙いの形式的な書類とは異なり、一応は銀行照会をも通過する条件を整えていることが必要なのである。倒産会社のものでは役に立たない。

したがって売り手形の主だった用途は、詐欺のための物品購入や手形割引であるが、ときには暴力団が企業恐喝を行う際にも用いられる。暴力団が何かの弱みを握った企業に行き、「ちょっとカネが入り用なんで、この手形を割っていただけませんかね」などと言って、売り手形を差し出すのである。

企業のほうは、しぶしぶながらも差し出された手形を銀行照会に回し、銀行からOKの回答があると、手形割引の形で暴力団にカネを渡すのである。つまり、これは形式的には手形割引という、純然たる商行為であるから、警察は逮捕に踏み切ることができない。商行為の形を整えていると、「民事不介入の原則」というのがあるから、警察の動きは封じてしまえるからだ。

現実的には売り手形は支払期日に不渡りになるのだが、暴力団のほうは企業から不渡りを告げられても、

「いやいや、これはとんでもないご迷惑をかけちまって、申し訳ないことを致しやした。とにかく可能な限り早急に、ご迷惑をかけた分の穴は埋めさせていただきやすんで……。

しかし、ウチも暴力団対策法と昨今の長期不況で財政が苦しぃんで」

と、最初からのお決まりのセリフで済まされてしまう。

警察は企業に対して「暴力団には絶対カネを渡すな」と申し渡しているし、暴力団に対しても暴力団対策法によって企業恐喝を禁止している。そこで、企業と暴力団は、手形割引の形式で金銭授受を行っているわけだ。つまり、この手形割引は、警察当局に対して企業と暴力団が手を組んで行っているお芝居なのである。

警察が何を言おうとも何をやろうとも、暴力団は企業や政治にとって必要とされる社会悪なんだと、某東証二部上場企業の社長は言っている。企業と暴力団の関係は、そう簡単に断ち切れるものではない。

領収書屋とはどこで会えるか

ところで、倒産会社の領収書や小切手帳・白地手形を購入する場合、それらを商う連中とは、いったいどこでお目にかかれるのだろうか。「蛇《じゃ》の道はヘビ」とはよく言ったもので、それらを本気で欲していると、道は自然に開けてくるというから不思議なものである。一般には、巷の会計士や税理士が紹介してくれる場合が多い。

東京の新宿や池袋など繁華街の駅に近い喫茶店に、彼らはよくたむろしている。こうした商人のほとんどは、自分の事務所らしい事務所を持っていない。そこで、そうした喫茶店を事務所代わりにして、会社倒産に関する諸々の情報交換をしたり、モノを求めている顧客を紹介し合ったりする。またときには、そうした喫茶店で顧客と会って取引をする場合もある。

それでは彼らの見分け方である。それにはまず喫茶店内を一回り歩くか見渡すかする。そうすると、店の伝票を背広かワイシャツの胸ポケットに差している客がいないだろうか。そうした客が何名かで、ワイワイと話しながらお茶を飲んでいれば、それがそうした業者と見ていいだろう。

ただし、そんな客を見つけた場合にも、「あなたは倒産会社の領収書屋さんですか」

と尋ねるわけにもいかない。仮に思い切って尋ねたとしても、その場合はただ警戒されるだけで、返ってくる答えは「違うよ」の一言である。

そこで、それらしき客を喫茶店内で見かけたら、なるべくその客の近くに席を取り、コーヒーでも飲みながら静かに観察することだ。そして彼らの言葉の中に、領収書とか手形とかそれらしき言葉が聞こえたら、さらに観察を続ける。もし、そこに領収書や小切手帳らしきものが見えたら、それこそ間違いなく領収書屋さんである。

ちなみに、彼らが喫茶店の伝票を胸のポケットに差す理由は何だろうか。それは、同じテーブルにやってくるブローカー仲間や顧客が次々と注文するコーヒー代が同じ伝票につけられるのを防ぐためである。

立ち替わり入れ替わりやってきては、コーヒーを飲みながら話をして帰っていく連中は、ほとんど自分が飲んだコーヒー代を払わずに行ってしまう。そうすると最後に席を立つ者が、その席での全コーヒー代を払わされる羽目になる。そこで自分のコーヒー代以外は無関係だぞ、という意味でも、自分の伝票を胸のポケットに差すのである。そして、自分のコーヒー代はちゃんと自分で払うんだという態度を、周囲の仲間に示す意味でも、自分自身のコーヒーの伝票を見えやすい背広やワイシャツの胸に差すのである。

普通なら、たかがコーヒー代くらい、と考えるかもしれない。しかし彼らは現実問題として、コーヒー代にも事欠いているのである。

不況が長引けば、領収書屋にとって、倒産会社のそうした書類は入手しやすくなるだろうし、脱税する人々も増える一方である。今年もまた彼らにとって多忙な一年になるのだろうか。

倒産会社自体も売買される

参考までに申し上げておくが、売買されるのは倒産会社の領収書や小切手帳・白地手形だけではない。最近では法人登記された会社そのものが売買の対象になっている。

会社を売るほうは、どうせ倒産するのなら、いくばくかのカネに換えようと考えるのだろう。買うほうは、脱税のためのトンネル会社として利用したり、その会社を詐欺の舞台に使ったりするのである。

もちろん中には新たに会社を設立するよりは、資金的に安上がりだと考えて、法人登記された会社を買う場合もある。買い取った会社の代表者や役員の名前、さらには商号と称する社名を変更したり、目的の項の仕事内容を変更したりして、新たな仕事を始める向きもあるようなのだ。しかし、変更事項がやたらに多いと、新たに設立する費用のほうが安い場合もある。

会社の売買については、最近では大手企業クラスでも、部分的にセクションを切り売りしたり、M&A（企業の合併・買収）と称する手法を用いたりしている。特に何でもドライに処理する米国社会においては、合併でも売買でも何でもありと見受ける。

ここに来て日本で目立っているのは、社団法人や財団法人などの公益法人が売買される傾向である。こうした法人に売り物が増えたのには、このところ顕著な規制緩和や規制解除の風潮にも原因があるようだが、何よりも小泉純一郎《こいずみじゅんいちろう》総理の提唱する、構造改革が最大の原因のようだ。

こうした法人の売買については、細心の注意を要する。理由は、一般法人のように、その内容を簡単には変更できないからである。しかし、「腐ってもタイ」ではないが、そうした法人の背景になっている省庁との関係次第では、まだ当分は十分な価値があるのかもしれない。ただし、売り物の公益法人には、ときおり、無用な人材や、とてつもない借金がついてくることも珍しくない。やはり、くれぐれも細心の注意を要する。

第九章　車両窃盗——暴力団と暴走族と外国人のカネ儲《もう》けプロジェクト

原付きまでが狙われる

ちょっと前の話になるが、俳優の梅宮辰夫《うめみやたつお》氏が、何者かに愛車を盗まれたとかで、しきりに憤慨している様子がテレビで放映されていた。この盗難事件は、ここ数年間全国各地で頻発している車両盗難事件の一つだが、その犯人と思われる一部の連中はすでに逮捕されている。

今回と似たような車両盗難事件が、いまからざっと一〇年ほど前にも起こっている。このときも某有名プロ野球選手が被害者の一人であった。盗まれた彼の愛車のベンツが海外で発見されたとかで、テレビをにぎわせていたものである。

だがこれらは、車両窃盗団の犯した数多い車両盗難事件の、ほんの一部でしかない。

犯人たちが狙うのは、何も高価な乗用車ばかりに限らない。内外の高価なオートバイが専門に狙われた事件もあれば、低価格な原動機付き自転車ばかりが被害に遭う事件もあった。要は販売ルートさえ決まっていればいい。高かろうと安かろうと、カネ儲けのためには何でも盗むということだろう。

高級オートバイばかりが狙われたときは、その一部がタイで発見されており、捜査当局が取り調べに乗り出したところまでは聞いているが、その結果はまだ聞いていない。原動機付き自転車のほうは、中国各地やベトナム、カンボジアなどで売買されて人気になっていると、ある外国人の単車バイヤーから聞いたことがある。

また日本国内で盗まれた高価な国産四輪駆動車が、ロシアの北方領土の田舎町《いなかまち》で発見されたこともある。海外で発見されたそれらのオートバイや乗用車が、その後どうなったのかについてはともかく、そうして盗難された日本車は海外で人気が高いのだというこという。

またこれは以前、北海道のある漁港で耳にした笑い話である。その町にはオホーツク海で水揚げした魚介類を満載したロシア漁船や貨物船がたびたび入港する。積み荷を降ろし終えた船員たちは、おのおの日本製品を友人や家族へのお土産《みやげ》に買ったり、あるいはロシア国内での販売を目的に、現地で不足しているさまざまな日本製品を適量仕入れて、乗ってきた船に積んで帰国する。

ところが、それらの船が出港したあと、街では奇妙な話があちこちで聞かれるようになったのだ。つまり、ロシア船が出港したあとは、決まって界隈《かいわい》の路上に駐車または放置されていた自転車やオートバイなどが、まるで大掃除でもしたかのように忽然《こつぜん》と消え失《う》せてしまっているというのだ。

不審に思った界隈の人たちが、路上に置いてある自転車やオートバイを、ロシア船出航の前夜それとなく見張っていた。夜更けになると、どこからともなく大柄の外国人が数名現れて、そうした路上に放置されている自転車やオートバイのたぐいを、軽軽と担いで歩き出したというのである。

外国人の正体を突き止めるべく尾行してみると、それらの男たちは自転車やオートバイを担いだまま、ロシア船の中に吸い込まれるように消えていったというのである。入港するたび、その町で愉快に飲み食いをしたり、何かと買い物をしてくれる人のいいロシア人船員のことであるから、どうせ使わない放置自転車やオートバイの持ち去り事件などは、その港町では好意的に笑い話に終わらせている。

ある大柄のロシア人は、たった一人で放置自転車五台と原動機付き自転車一台を軽軽と抱えていったという。その怪力ぶりにはむしろ驚嘆の声さえ聞かれた。物を粗末にする最近の日本人によって、路上に放置された自転車やオートバイがさびて朽ちるくらいなら、どこか遠い海外の国で、それらを必要とする人々のために、有効に役立ってほしいということなのだろうか。

最近では、千葉港や東京の晴海埠頭《はるみふとう》にも、ロシア船はたびたび着くようだが、これと似たような話をよく耳にする。中には、そうした船にはロシア人売春婦も乗り込んでおり、船舶の停泊中は夜な夜な街に出没しては、その抜けるように白い肌を提供する代償に、日本円やドル紙幣、ときには中古車などをせしめていくという話もある。

ロシアは貧乏な国だからと笑うかもしれない。だが、バブル経済崩壊後の一〇年以上に及ぶ長期不況では、日本人の多くもカネ欲しさの犯罪に走っている。

「クルマで即融資、月賦中可」

車両窃盗は、社会が不況になると決まって起こる犯罪の一つである。いまからざっと三五年ほど前にも、全国規模で大量の車両盗難事件が連続発生して、大々的に報道された記録がある。

三五年前と言えば、乗用車の価格は、われわれ一般国民の平均収入に比べると、より高価な時代であった。それよりもう少し前の話になるが、米国では高校生でさえ、ちょっとアルバイトをしただけで、中古の乗用車が買えると聞いて、日本人の大人たちはずいぶんうらやましがっていたという時代であった。

どこの国でも、ある程度経済的に充足されると、まずはクルマの入手を考え始めるものである。国によっては、クルマというのは高根の花であり、垂涎《すいぜん》の的でもある。特にそれが経済先進国からの輸入車ともなると、社会的には一種のステイタスシンボルとされている国もある。日本でも昔はそうだったのだ。

こうして、クルマをめぐるさまざまな犯罪が生まれてきた。犯人たちのクルマの入手方法は、最近のように窃盗という方法だけではなかった。最もポピュラーだったのは、クルマを資金融資の担保として預かり、持ち主から巻き上げるという知能犯的手段であった。

窃盗の場合、盗まれたことに気づいた被害者が直ちに警察に通報するので、手の回るのが意外に早いのだ。だが、融資の担保として、顧客に自ら進んでクルマを持ってこさせるように仕向けると、なかなか警察ざたにはならない。

まず、金融業者は担保として顧客の愛車を預かる。顧客が借金を返済して愛車を受け出そうとすると、今度は融資金額に加え、車両保管料や駐車料などといった名目で法外な付帯経費の請求をして、少々のカネでは担保のクルマを受け出せないようにするのである。

そして、借入金の返済が不可能な状況に追い込み、結果的にクルマを詐取同然の形で巻き上げてしまうのだ。次にそれらのクルマを中古車センターなどに展示して、新たなユーザーに格安で販売していたのである。

融資の担保にしたとはいえ、詐取同然に巻き上げたクルマであるから、名義変更に必要とされる、クルマの持ち主の実印や印鑑証明書を入手することは困難である。クルマの正当な持ち主に対して、うっかり印鑑証明などを要求すると、金融業者の意図が露見して警察ざたになってしまう。

そこで当時の犯人たちには、名義変更が不能なクルマとして、次のユーザーに格安で売り渡して大儲けしていたのである。もっとも、このような名義変更ができないクルマでは、買う側に足元を見られ、安く買いたたかれるケースがほとんどであった。

こうした悪徳金融業者たちは、悪知恵を絞って他の換金方法を考えた。

当時は、融資の担保に供されるクルマのほとんどが、割賦方式で購入したものであった。持ち主が融資の担保に利用してはいても、大半が所有権留保による割賦金支払い中のクルマだったのだ。所有権は、まだユーザー側に移転されておらず、販売会社名義のままになっていた。月々の割賦金支払いがすべて終わった段階で、初めて所有権が買い主名義に変更されたのである。

比較的年配の方々なら、たぶんご記憶だと思うが、一昔前にはよく街角の電柱などに「クルマで即融資、月賦中可」などの紙がはってあったものである。この「月賦中可」というのが曲者《くせもの》であった。競馬・競艇ですっかり文ナシになってしまったドライバーたちはこれを見て、自分の乗っている月賦支払い中のクルマを担保にカネを借りたのである。

残債があるうちは所有権を客には移さずに、販売会社名義のままとする販売方法は、不動産や車両のような登記物件の売買では、よく用いられているものである。所有権は販売会社側に残したままで、クルマを手元に置いて常時使用するための占有権だけをユーザーに与えていたのだ。こうした販売方法を「所有権留保販売」と称する。

したがって、これを担保にマチキン（街金）などから融資を受ける行為は、他人の所有物を担保にしてカネを借りることになる。つまり、他人の持ち物を無断で流用することになり、厳密には違法行為になる。

また、悪徳金融業者が担保のクルマを詐取同然に取り上げてしまうのは、利害関係のない第三者の所有物を横領する行為であるから、刑法の業務上横領罪になる。あるいは、名義変更が不可能なのを重々承知のうえで担保のクルマを販売することは、買い戻し条件付きで販売したとしても、厳密には刑法の盗品等に関する罪に相当することになる。

カネ貸し根性丸出しのやりとり

当時のクルマの販売会社は、悪徳金融業者がこうしたことを頻繁に行っているのを重々承知していたが、これらを告訴するようなことは行わなかった。販売会社は金融業者と話し合って、担保に供されたクルマの引き取り価格を交渉のうえ、穏便に買い戻すのが常であったのだ。

こんな面倒なことを行うのはなぜだろうか。仮に販売会社が金融業者を刑事告訴し、裁判で販売会社側が勝利を収めたとしよう。ところが、損得勘定をしてみると、割賦金の残債が回収できないばかりか、肝心のクルマも戻ってこないので、販売会社は大損の憂き目に遭ってしまうのである。そんなことをするよりも、金融業者と穏便に交渉を行ったうえで可能な限り格安に買い戻したほうが得策なのである。そして、そのクルマを整備して再販売すれば会社に損はない。

クルマを金融業者から買い戻した販売会社は、今度は引き取ったクルマの価格を査定する。そして、その割賦販売取引に関する販売会社の損益計算をするのである。そしてそこで計上される差損については、最初の買い主に支払いの請求を行う。何らかの事情で買い主側に支払い能力のない場合は、割賦販売契約で設定した保証人あてに支払い請求を行うのは、こうした商売の常識である。

場合によっては、そこで生じた差損金相当額は、準金銭消費貸借に契約を切り替えてしまい、そこでも極端に支払いの遅延があった場合、今度は情け容赦なく強制執行で買い主の財産の差し押さえを行う。それが販売会社のやり方である。

割賦販売という行為は、別の角度から眺めると、販売行為というよりも、あきらかに融資行為なのである。カネの貸し借りともなると、ベニスの商人的な、がめついカネ貸し根性が丸出しになる。カネがすべての資本主義経済社会では当然であろう。

こうした販売会社のやり方を十分心得ている悪徳金融業者の連中は、少額資金の融資の担保に預かったクルマの車検証から販売会社を突き止めて、自分のほうの身元は隠したままで電話をする。

「お宅で割賦販売したクルマをウチで融資の担保に預かっているんだが、いくらなら買い戻してくれますか」

そんな具合に交渉を開始して、販売会社に少しでも高く買い取らせるのである。販売会社のほうも、これを断ると割賦金の残債が回収できないばかりか、車両まで回収できなくなるため、さまざまな状況を勘案しながら、電話してきた金融業者と引き取り価格の交渉を行うのである。

このような買い戻し価格の交渉に際して、金融業者が自分のほうの身元を明かさないのはなぜだろうか。うっかり身元を明かしてしまうと、販売会社がプロの調査業者に依頼して、徹底的に金融業者の調査を行ってしまうのだ。そうして、問題のクルマの隠し場所を探り出し、法的手段に訴えてクルマを回収してしまうわけだ。だれがいかなる理由でクルマを持っていようとも、法的に回収可能なのだ。それが所有権留保販売の利点である。

東京のある金融業者のグループなどは、こうした車両を東北方面などの遠方に大量に隠匿していた。登録されたナンバープレートを一台一台丁寧に取り外し、さらにクルマの出所を隠匿する目的で車体番号やエンジン番号までをも打ち替えてしまう。そして悪徳中古車販売会社に卸したり、東南アジアをはじめとする諸外国に輸出したりもしていた。

薄利多売の車両窃盗

こうした事件は後を絶たないばかりか、むしろ反対に不況下の昨今では増加傾向にさえあるのが現実だ。だが最近はクルマの入手方法においても、販売方法においても、これまでに述べたような面倒な方法は一切用いていない。車両窃盗販売を行う者の一人は言う。

「オレらには、所有権留保だろうと何だろうと関係ねえよ。クルマはかっぱらうんだから仕入れはタダだしよ、いまはデフレスパイラル（物価下落と景気悪化の悪循環）なんだから、超格安にさっさと処分する。そして売っちまえば、後腐れなしなんだ」

彼らのクルマの入手方法たるや、見ていて実に鮮やかそのものである。まず彼らは足のつきやすい外車を狙うのは避け、若者に人気の国産車ばかりを狙う。野外の駐車場や常時路上駐車されている人気車種を、前もってマークしておくのである。そして頃合《ころあ》いを見計らってドアをこじ開けたり、運転席側の窓ガラスをたたき割ったりして、そのクルマを盗んでしまうのだ。

こうした窃盗を企てるのは、主に暴力団関係者が大半だと言われているが、実際に現場でクルマの窃盗行為に手を汚すのは、暴走族の若者などや、日本に出稼ぎに来ている外国人なのである。これは、彼らに車両窃盗を命じていた暴力団関係者の一人から聞いた話である。

また、車両窃盗ビジネスの内情に詳しい者はこう言う。

「クルマの窃盗を引き受ける暴走族や外国人に対して、支払われる窃盗報酬はクルマ一台につき一万〜二万円から、何らかの特別な事情で多く払ったとしても、せいぜい二万〜三万円が限度だな」

また別の関係者は言う。

「オレたちは欲を起こさず、薄利多売だから、仕入れコストを極力低く抑えるのさ」

窃盗を命じた側は、盗み出されたクルマを適当な場所で受け取ると、それを準備された工場に運び込み、そこでクルマの前後部のバンパーにつけられているナンバープレートを、事前に準備してある偽造ナンバープレートと取り替える。これで販売準備は完璧《かんぺき》というわけだ。見事な段取りである。

この窃盗グループが最も得意とする窃盗方法が実に興味深いので、参考までに紹介しておこう。

窃盗担当の若者が数名で乗用車に乗り込み、ちょうど客を探すタクシーのように、適当に路上を流していたとしよう。彼らがおいしそうなクルマはないかと目を皿にしていると、目前を若者に人気の国産スポーツカーが走っているではないか。

彼らは即座に、このスポーツカーを盗むことを決定するのである。そして車両窃盗団の目前を、自分のクルマが狙われていることも知らず、ただ悠然と走っているスポーツカーの尾行を続けるのである。すると、そのスポーツカーはガス欠でも起こしたのか、道路沿いのガソリンスタンドに乗り入れた。そして店員はガソリンの補給を開始する。

尾行していた窃盗グループの連中は、適当な距離を置いて尾行車を駐車させると、盗み出す隙《すき》はないかと、真剣に見張っているのである。すると、スポーツカーを運転していた若者は、ガソリン代でも払おうというのか、乗っているスポーツカーを離れると、スタンドの事務所に入っていく。

事務所に入った若者は、財布からクレジットカードらしきものを取り出して、代金の支払い手続きをしている。この間、ガソリン満タンのスポーツカーは、エンジンキーがつけられたままの無人状態である。尾行していた車両窃盗団が待ち受けていたのは、まさにこの瞬間であった。このような瞬間、たとえば、路上に駐車してタバコを買いにクルマを離れた瞬間なども、窃盗グループには絶好のチャンスなのである。

これを待っていた尾行車からは、外国人らしい若い男が一人、素早く尾行車を降りると客を装ってガソリンスタンドに入っていく。そして、ごく自然な動作で問題のスポーツカーに近づくと、周囲がだれ一人注意していないのを確認したうえで、敏速な動きでスポーツカーに乗り込むのである。

差し込まれたままのエンジンキーに手を伸ばし、エンジンをスタートさせるのと同時に、スポーツカーはガソリンスタンドをまるで生き物のように滑り出していく。スタンドの店員のほうは、客がガソリン代金の支払いを済ませて出ていったものと思い込んでいるから、まったく注意を払わないばかりか、大声で「毎度ありがとうございました」などと頭を下げる。

そのスポーツカーの持ち主が、ガソリンスタンドの事務所を出て、自分のスポーツカーを止めてガソリンを補給した位置を見るが、そこにはすでに他のクルマがいて給油を受けているではないか。少々慌てた若者が、スタンドの店員に自分のクルマをどこか他の場所に移動したのか尋ねるが、このときはすでにあとの祭りである。

問題のスポーツカーは、すでに数キロ先を悠然と走っている。見事な乗り逃げ窃盗である。そして何人かの窃盗要員たちを乗せて、そのスポーツカーを尾行していたクルマは、もう次のカモを求めて路上を流している。

新車ディーラーがおいしい

乗り逃げ窃盗犯にとって最も仕事の楽なケースは、若いアベックのクルマだと言う。鎌倉や江ノ島など湘南《しょうなん》（神奈川県）の海岸線でもドライブして、ロマンチックになったところで、ちょっと路上駐車したままイチャイチャしたり、クルマを降りて写真を撮ったり、好きだの嫌いだのと口説き文句を並べたりしているうちに、愛車はさっさと乗り逃げされている、という構図である。

乗り逃げ窃盗の場合は、ドアを開けるために運転席側の窓ガラスをたたき割る必要がない。工具を使って無理にキーをこじ開けて、ドアを破損する心配もないので、販売に際しても作業が楽なのだそうだ。つまり、破損したガラスを新品に取り替えたり、こじ開けたキーの破損部分を直す必要もないので、無駄な時間や経費が一切無用になるというわけだ。

また、彼らから見て最高においしい猟場《りょうば》は、新車ディーラーの展示場や駐車場だという。第一の理由は、そこにあるクルマは全部新車ばかりなので、修理などの面倒がないことだ。第二の理由は、いつでも客が試乗できるようにエンジンキーをつけたままの場合が比較的多いため、乗り逃げ窃盗が極めて容易であることだ。

また、ディーラーの展示場にあるクルマの大半は、売れ筋の人気車種ばかりなので、盗んだあとの販売が容易であることも挙げられる。そうした諸々《もろもろ》の事情から、ディーラーの展示場は極めておいしい猟場だというのだ。

ところで、さらに興味深いのが、この車両窃盗団が盗んだクルマの販売方法なのだ。彼らは販売に際して、従来のような方法をあまり用いていない。道路沿いに見られる中古車展示場では販売しないのである。

彼らはあくまでも、時流のインターネットによる販売を主体にしているのだ。すなわち、インターネット上に車種、年式、車体の色、走行距離、車検の残り期間などをそのつど流すのである。インターネット上でカラー写真を見せてやれば、買うほうには一層わかりやすい。インターネットを巧妙に利用して販売すると、捜査当局が非常に捜査しづらい、というのも利点の一つである。

また、それらのクルマの販売価格にも注目すべきである。つまり、彼らは販売価格を一律にキャッシュで一〇万円と決めていたのだ。車種、年式、走行距離、あるいはその車種の人気の有無などは一切関係ない。新車価格が数百万円もするような、若者のあこがれるクルマが、わずか一〇万円で入手できるとあっては、売れないほうがおかしい。

この場合、買い主側はクルマの名義変更ができない。その点は、買ったユーザーに不満の残るところだろう。また、ナンバープレートも偽造したものである。それらの点さえ我慢すれば、好きな車種がわずか一〇万円で入手できるのだ。しかも自分の好みの車種が選べて、さらにそれがインターネットで注文できるとあっては、新車を買うのと何ら変わらない。

ただし、これらのクルマの購入者が交通事故を起こすのは絶対に禁物だ。仮にそのクルマが何らかの交通事故を起こし、やってきたパトカーに無線またはコンピューターで登録ナンバーを照会されると、それが盗難車だということがたちどころに露見してしまう。そして、盗難車の購入者の両手首に冷たい手錠が食い込む羽目になる。

連係プレー

車両窃盗ビジネスが絶好調を続けているさなかに、窃盗グループの何人かが逮捕された。盗難現場を通報され逮捕されたのではないし、盗難車から足がついて逮捕されたのでもない。彼らが逮捕されるに至った事情は実はこうなのだ。

彼らは、盗んだ地域から遠く離れた地域で盗難車を販売するために特殊なトラックを複数所有していた。何台もの乗用車を搭載して走行できる、乗用車運搬用のトラックである。

ところが、それらのトラックまでもが盗難車だったのだ。そのような特殊なトラックを盗んだうえに、昼間に堂々と盗難車を満載して街道筋を走らせていたのでは、元の持ち主の目につく可能性が高い。警察に通報されるのは時間の問題だ。こうして、彼らは御用となり、せっかく順調に進展していた車両窃盗ビジネスも続けられなくなってしまったのである。

彼らのビジネスは車両の窃盗販売なのだから、車両を盗むのは当たり前だ。しかし、それらの車両を運ぶ商売道具のトラックまで盗むというのは、いかに車両窃盗はお手のものとはいえ、あるいはいかに経費を切り詰めることができるとはいえ、いささか行き過ぎではあるまいか。

彼らの一部の者はすでに逮捕されたが、彼らの組織の全容や、これまでに盗んだクルマの総数、あるいは総体ではいったい、いくらくらい儲けていたかなどについては、現段階では明確にされていない。

しかし、彼らの乗り逃げ窃盗法と販売法には目新しいものがある。おそらく、それらの方法は今後の車両窃盗販売の主流となるだろう。

また乗り逃げ窃盗に外国人を用いたのも正解であろう。彼ら外国人たちは適当にカネを稼ぎためると、そのカネを大切に持ってさっさと帰国してしまう。したがって、彼らの口から車両窃盗という犯行の漏れる心配は少ない。

関西のある暴力団構成員から聞いた話であるが、最近では殺しなどのヤバイ仕事を請け負わせる相手は外国人に限るというのだ。

なぜならば、彼らに殺しなどの仕事を依頼しても、二〇万円とか三〇万円といった、非常に格安な料金で引き受けてくれるからだ。日本人ヒットマンの殺しの料金ともなると、べらぼうに高額の報酬を吹っかけてくるそうだ。

そして、そうした外国人の母国は概して軍事国家であることが多く、徴兵制を敷いている。そのため、彼らは銃器の扱いに慣れており、仕事の成功率が非常に高いというのである。物騒な話で恐縮だが、これはいかにもうなずける話ではないか。そうした外国人の多くは日本人と顔形も変わらない。ターゲットに向けてズドンと一発やって無言で現場から逃走し、そのまま本国に帰ってしまえば、優柔不断な日本の捜査当局には打つ手がない。

最近では暴力団関係者たちも、暴力団対策法や長期経済不況の影響で、カネの稼ぎ場所がなくなっている。同時に暴走族の若者たちにも、手軽にカネを稼ぐ手段が少なくなっている。また日本に出稼ぎに来ている外国人にも、不況の影響でこれといった職がない。そんな状況下の暴力団と暴走族、そして外国人が手を結んで行った巧妙なカネ儲けのプロジェクト、それがここに紹介した車両窃盗ビジネスなのだ。

一日も早く景気が上向かないと、またまた新たな悪の裏ビジネスが誕生するのは必至である。

第十章　海上ラブホ——クルーザーがラブホテルに早変わり

航行する豪邸

何の前ぶれもなく、突如、日本のバブル経済が崩壊し、全国の隅々で閑古鳥が鳴き始めた時期の話である。

特に一九八〇年代後半は、ほぼ全日本人がカネあまり現象に汚染されていたわけだが、その中でも地上げとマンションブームに浮かれた不動産業界は隆盛の極みにあった。オイルマネーをはじめとする外国人買いの出動で日本の株がなくなるとまで騒がれ、無数の仕手株に沸いていた証券業界も同様である。ゴルフ場関連業界も忘れてはならないし、どこの繁華街にも多数存在した高級クラブもその例外ではなかった。

それらの業界で、ある程度のあぶく銭をつかんだ連中は、ほぼ例外なく、高級マンションや、ウン億円もする輸入スポーツカーに飛びついていた。

中でも、そうした成金連中が競って買い求めていたのが、「航行する豪邸」とまで形容された、豪華な外洋クルーザーであった。大きさによっても、その値段はまちまちである。バブル当時の人気艇は三〇~三五フィート（約九~一〇メートル）のもので、その価格は五〇〇〇万円から一億円というのがごく一般的であった。

元クルーザー販売業者に聞いたところ、本場ヨーロッパ製の四五フィート（約一四メートル）程度のクルーザーになると、三億円以上にもなるものがいくらでもあったそうである。

もちろん、そうしたクルーザーの艇内は、衣食住も十分可能な、日常生活に必要な設備が施されてあった。たとえば、豪華なキャビンにテレビもステレオもあるのは当たり前。洋式トイレやシャワールームのほかに、ダブルベッドの寝室が複数、激しい波の揺れでも料理可能なレンジ付きのキッチンなどなど、至れり尽くせりの贅沢《ぜいたく》な作りが外洋クルーザーのセールスポイントであった。

一方、強欲なにわか成金たちは、さらなる蓄財を目的に、大金を投じて都心の高級マンションをこぞって購入していた。当時で言う億ションである。それというのも、値上がりによる利殖を確信していたからであった。全国各地の別荘地帯にも需要の嵐《あらし》が押し寄せていた。

だが問題が発生した。今日の日本経済混乱の引き金になった総量規制と称する、政府の強権的なマネーコントロールである。つまり、金融当局による資金源の封鎖であった。

金融当局が、財布のひもを締めてしまったのでは、市中銀行にカネはなくなる。市中銀行にカネがなければ、われわれ一般人にカネが回ってこないのは当然だ。そうなると、高価な買い物をした人々、特に割賦方式でマンションやクルーザーを購入したにわか成金たちは、たちどころに支払いに行き詰まってしまう。

クルーザーや億ションを割賦で買った連中は、月々の割賦金支払いが不能になった。カネあまりの好景気の中、現金で購入した連中でさえ、今度は月々の維持費すら払えない状態に追い込まれたのだ。

カネの切れ目が縁の切れ目

クルーザーの維持費というのはどれくらいかかるか、具体的に説明しよう。三〇フィート程度のモータークルーザーを、キャッシュ六〇〇〇万円で購入したオーナーがいたとしよう。

その場合、総量規制でカネ詰まりになっても、クルーザー代金の支払いは現金で済ませているから心配無用である。だが問題は、それを持つことに伴って発生する諸々《もろもろ》の経費である。三〇フィート程度のクルーザーの場合、東京近県にある公営マリーナでさえ、年間一〇〇万円以上の使用料を取られていたのだ。

クルーザーを動かす実費もかかる。蓄えの十分でないにわか成金たちにはそうしたカネさえも払えないことになる。私営マリーナに至っては、その数倍もの使用料を取られる。

たとえば、そうした自分のクルーザーで一日東京湾を走らせて遊んだとしよう。東京湾から相模《さがみ》湾を横切る伊豆大島航路を往復しただけでも、その燃料代やオイル代、それにクルーザーの陸と海との揚げ降ろし代だけで、少なく見ても、総経費は二〇万円近く必要とする。夏場のシーズンに毎月土日にクルーザーで遊んでいたら、ざっと一〇〇万円を要することになる。

そして普通、クルーザーを使用しないときは、海水で汚れたクルーザーの洗浄や保守点検のために、陸に揚げておいて保管する。休日などに使用する場合は、そのつどマリーナ備えつけのクレーンを使用して、海面に降ろすことになる。そして、遊び終えてマリーナに帰ったら、今度は再びクレーンの世話になり、陸につり上げてもらう。

億ションや外国製の高級スポーツカーのオーナーにしても、高価な維持費の支払いに窮するといった点では、どのケースも変わらないのだ。その維持費たるや、並大抵の経済力ではまかなえるものでないのは、ほぼおわかりいただけただろう。ましてやバブル経済に浮かれて正妻以外のオンナにマンション一軒を買い与え、そこに通って性的快楽をむさぼろうとしたにわか成金はもう大変だ。

カネの切れ目が縁の切れ目という言葉の意味を、身をもって思い知らされることになる。つまり、総量規制によって、仕事面でも私生活面でも、ありとあらゆるところで資金ショートが発生し、すべての活動が停止してしまったのである。こうなると、何らかの目的でそうした贅沢品を所有していた者はたちまち窮地に立たされるのだ。

こうした経済的に最悪の局面では、問題の原因になっているクルーザーでも、億ションでも、オンナでも、思い切って執着心を捨て去り、即刻売却処分してしまえば、経済的に楽になると考えるのがごく普通である。

ところが、バブル経済で好景気のまっただ中に、それも物価が高騰の極みにあったときに、高値で買ったクルーザーやマンションその他諸々をそう簡単には処分できないのである。経済が氷河期に向かって突進しているさなか、デフレスパイラル（物価下落と景気悪化の悪循環）の兆候が見え始めた時期には、望んだ高値では買い手がつかないのである。

焦ったオーナーが無理にも売ろうとすると、その売値たるや惨憺《さんたん》たる値段しかつかなかった。五〇〇〇万円で買ったクルーザーは、売り急ぐと中古艇業者にたった五〇〇万円で買いたたかれた。五〇〇〇万円で買ってオンナを囲っていたマンションも、わずか一〇〇〇万円に値下げしても買い手がつかないのだ。

会員を集めるのは銀座のホステス

下町に工場を構えるK氏は、某大手家電メーカー専属のカタログ印刷業者である。そして彼もまた、好景気の波に乗って大型クルーザーを現ナマで購入した一人である。K氏はバブル崩壊後のある晩、好景気時代に夜ごと通った東京・銀座の高級クラブでヤケ酒をあおりながら、クルーザーの維持費のことで愚痴をこぼしていた。

すると、ボックス席のK氏の隣に座り、黙ってその愚痴を聞いていた若いホステスの恭子（仮名）がK氏の耳元で甘くささやいた。

「Kチャン、いまふと考えたんだけど、ワタシ、そのクルーザーの維持費を稼ぎ出す名案があるの。でもそんな込み入った話はお店じゃしたくないワ。だから、明日にでもKチャンの会社にお電話するわネ……」

そしてその翌日、K氏は、都心のホテルのレストランで夕食をとりながら、高級クラブの若いホステス恭子の名案とやらを聞いたのである。恭子の名案とは、問題のクルーザーを会員制の共同所有の形にしてはどうかというものであった。

恭子の話はこうである。

「不況とは言ったって、銀座にはカネ回りのいいお客はいつだって、ごまんといるものよ。たとえば、国のおカネで飲み歩く政治家の先生方や、業者にたかる霞《かすみ》が関《せき》のお役人たち、公共事業でたんまり儲《もう》けて懐の暖かい土建屋さん、ほかにも飲み代なんかにはいつも不自由のないお医者さんや学校の先生、それにお寺の住職さんや神社の神主さんも不況知らずだわ。

だから彼らに、おカネをある程度出資してもらって、そのクルーザーの共同オーナーになってもらうのよ。そして共同オーナーの皆さんの好きなときに、行きたいところに行けるように、そのクルーザーを使わせるのよ。そしてね、そのつど出資金とは別に格安の使用料を実費の形で払ってもらって、クルーザーの燃料代や維持費、マリーナの年会費を払えばいいんじゃない。

会員さんたちの要望で、クルーザーが海に出るときは、一級免許を持ってるKさんがラダーを握って操縦してやればいいじゃない。Kさんが多忙で操縦席に座れないときには、だれか信頼できる人をKさんの代理人にすればいいじゃない」

早い話が恭子の提案は、クルーザーのオーナーとしてのプライドをかなぐり捨てろというものだ。カネのためと割り切って、クルーザーのレンタルで経費を稼ぎながら、景気回復をゆっくり待てばいい。しかも、多少うるさいのさえ我慢すれば、他人のカネで好きなクルーザーは十分乗り回せるし、せっかく購入した大切なクルーザーも、みすみす人手に渡さなくて済む。大変結構な話であった。

だが、その恭子の提案には裏があった。恭子はあちこちのクラブにいる仲間のホステスたちに客を紹介させ、クルーザーの会員にしようと考えていたのだ。つまり、その会員候補者たちは、夜ごとホステス目当てにクラブに通ってきている好色なオヤジ連中のことなのだ。それでもK氏は経済的に、その提案を受け入れざるを得ないところまで追い込まれていた。

ラブクルーザー

そしてこの提案は、K氏の大事なクルーザーが東京湾や相模湾を走る「海上ラブホテル」と化す第一歩であったのだ。恭子の提案を聞いた瞬間、K氏もそれはある程度覚悟したことだった。K氏のクルーザーのキャプテンルームには豪勢なダブルベッドがあるのはもちろん、キャビンの真ん中にも、多少狭いがダブルベッドが一つあった。昼間は豪華なキャビンとして使用している場所も、夜になるとテーブルやソファを多少動かすだけでデラックスなダブルベッドのある寝室に早変わりする。

クルーザーは海上にあるのが常だから、それらのダブルベッドは、ラブホテルのベッドのようにわざわざ枕元《まくらもと》のスイッチを押す必要もなく、適当に心地よく揺れている。波の静かな夜に相模湾の海上を航行していると、方向転換のたびにクルーザーは回転ベッド並みに揺れ動くので、船酔いさえ心配なければ快適の一語に尽きるのだ。

夜になると、窓から淡い月明かりがキャビン内に差し込み、ダブルベッドを照らしてくれるのだから、まさに海上を走るロマンチックなラブホテルである。

ましてや、クルーザーで旅をする相手の女性が、夜ごと通って高い飲み代を払っている高級クラブのお気に入りの美人ホステスなのである。整形美人ということさえ知らなければ、まるで天国にでも行ったような気分になるだろう。

こうした事実が、ホステスの口からあちこちのクラブに通う客たちに伝わり、客の口からは彼らのゴルフ仲間に伝わり、結果としてK氏の持つクルーザーの共同オーナー希望者は急激に増加していった。オーナー希望者が過剰になり、それ以上の受け入れができなくなると、K氏は、自分と同様に経済的に行き詰まったクルーザー仲間を口説き落とした。クルーザーの維持費や、ときには割賦金の支払いを援助したりもしたのだ。

同じマリーナに高級クルーザーを持ち、経済的に困っているオーナーたちが、これを見逃すはずがない。彼らもまた、K氏の経済難の解決方法を見習って、次々に海上ラブホテルを開業していったのである。こうした海上ラブホテルは、全国のあちこちのマリーナで、たぶん今年もお目にかかることができるだろう。

ラブホテルならぬラブクルーザーを見つけようと、東京湾にある某マリーナの事務所で尋ねてみた。すると、そこの事務員は、夏の夜に方々のマリーナを見て歩き、海上に係留されているクルーザーを観察すればいいと言う。風も波もないのにクルーザーが激しく揺れていれば、ほぼ間違いなく有料ラブクルーザーだよ、と言って大声で笑う。

東京・新木場《しんきば》にあるヘリポートで、あるヘリコプターのパイロットに聞いた話も紹介しよう。夏になると東京湾の海上では、ときおり上空からおもしろい光景が目撃できるという。艇が流されないよう東京湾上にイカリを降ろしたセーリングクルーザーやモータークルーザーの甲板で、人目をはばからず、全裸で奔放なセックスシーンを展開しているというのだ。

夢中でセックスをしている本人たちは、海の上だから人目はないと思って、安心して交わっているのだろう。しかし、東京湾には国の内外の大型船の通る浦賀水道という本線航路がある。上空を多数飛来するヘリコプターなどに至っては、その飛行高度はせいぜい一〇〇〜二〇〇メートルなのだ。パイロットがそうしたクルーザーに興味を持って多少高度を下げれば、すべては丸見えになる。

ほかにも、神奈川県側の突端の山頂には、浦賀水道を横切る無軌道な漁船やクルーザーを監視する人員が常時いる。彼らは高性能カメラに超望遠レンズを装着して、そうした違反者を一年中見張っているのだ。したがって、そうしたカメラでクルーザー上の性行為を撮影するのは簡単なことなのだ。

実を言うと、こうしたラブクルーザーは、何もバブル崩壊後に始まったことではない。昔からあった事実なのだ。クルーザーという、いわば海上の密室では、何が行われても一向に不思議はない。売春、ギャンブル、マリファナパーティー、密貿易と、何でもござれの密室なのだ。

K氏のケースのような事情からクルーザーを特殊な目的に活用するオーナーもいれば、地回りのヤクザ者の斡旋《あっせん》紹介で、ラブホテル用にレンタルを始めたケースもある。

バブル後も暗躍する地回り

バブル景気でクルーザーが急増する前は、そうしたクルーザーを専門に預かるマリーナも少なかった。そのオーナーたちは、自分の所有するクルーザーを係留する場所を求めて、川筋や岸壁を見て歩き、適当な場所を見つけて自分のクルーザーをつないでいた。

だが、川筋や岸壁には奇妙な権利関係があって、そこを係留場所に利用するクルーザーのオーナーたちは、結局その関係者にいくばくかのカネを払うことになる。

岸壁の場合は自治体の港湾局と称する公的機関がそこを管理しており、無断でクルーザーなどを係留すると、関係当局の係員が現れて不法係留を取り締まるといったあんばいである。

ところが、川筋に係留するとなると勝手が違う。陸地に入り込んでいるため、その地域を縄張りとする地回り連中が、川筋の既得権を主張していた。彼らに無断で係留しているクルーザーがあると、コワモテのするお兄さんがやってきて、「この場所は、ウチの組で管理しているんだ。深夜になって暴走族とかホームレスの連中にいたずらされたくなかったら毎月〇〇円の警備料をウチの組に払え……」とすごむわけだ。

クルーザーのオーナー側が「ここは××市の河川局が管理しているから、あんたらの言うことはおかしい……」などと正論を述べると、深夜にクルーザーにガソリンがかけられて放火されたり、クルーザーのキャビン内が何者かに荒らされたりする。もちろん、オーナーの態度に腹を立てた地回り連中の仕業なのは言うまでもない。

しかし好景気になってクルーザーが急増すると、その需要を満たすために公営、私営のマリーナ施設が各所に作られる。そして、川筋への不法係留などで地回りの食い物にされていたクルーザーのオーナーたちは、正式にマリーナと契約して係留の権利を取得し、正々堂々とマリーナの住人になり、地回り連中との腐れ縁が切れることになる。

ところが、今度はバブル経済崩壊による長期不況の到来である。クルーザーのオーナーたちの中には、マリーナの高い経費の支払いに行き詰まる者が少なからず出現するわけだが、そこに出現するのも、また例の地回り連中なのだ。

バブル景気だったからこそ可能だった、高い維持費やマリーナへの支払いに、とうてい耐えられなくなったオーナーたちが、クルーザーを売り払うことを考え始めると、どこでその情報を聞いたのか、やっと縁の切れたはずの例の地回り連中が現れる。中古艇売買斡旋にからんで、ここでもゼニを稼ごうとするわけだ。

オーナーは経済的には苦しいのだが、それでも愛着のあるクルーザーを何としてでも所有し続けようとする。そうした態度を地回りの連中が見ると、今度はクルーザーのレンタルとか休日の観光クルージングとか、いろいろな儲け話を持ち込んでくる。その中には、若いアベック連中にホテル代わりに利用させる話も混じっているのである。

もちろん、ゼニのためと割り切ったクルーザーのオーナーたちの中には、地回りたちの持ち込む、そうした安易な儲け話に乗る者も多い。だが、その儲け話には、地回りたちの儲けもきちんと組み込まれているのは言うまでもない。景気が回復する見込みのない今年もまた、新たなラブクルーザーが方々のマリーナで誕生するのだろう。

固有名詞は避けることにするが、神奈川県の某ソープランドの経営者などは、自ら五〇フィート（約一五メートル）クラスの豪華クルーザーを所有していて、それを怪しげな目的に使用しているという。つまり、店の常連客たちと、世界各国から出稼ぎに来ているソープ嬢を大勢乗せて、暖かくなる春先から酷暑の夏場まで、伊豆七島めぐりのクルージングを行うのである。そうして航行中のクルーザーの中で怪しげな行為にふけっているというのだ。

もっとも、こうしたことは、すでに江戸時代でさえ行われていたという記録がある。大川端《おおかわばた》に屋形船を浮かべて、中では粋《いき》な男女が着物のすそを乱してシッポリしていた、なんてことは、いまやだれでも知っている話である。

三五フィートクラスの外洋クルーザーを、自分のポケットマネーで土日の一昼夜チャーターして彼女と二人だけのデートを楽しむとすると、いくらかかるのか。参考までに申し上げておこう。そのクルーザーのオーナーによってもさまざまだが、それでもざっと次のチャーター料を参考にするといい。

まずはクルーザーの操縦員一名と、その交代操縦員兼雑用係一名分の日当、さらには東京港から千葉県の木更津あたりまでの往復の燃料代を考慮に入れて、それにオーナーの利益を加えると、およそ二〇万円もあればチャーターは十分可能だろう。

隅田川沿いの船宿で適当な屋形船をチャーターする場合はどうか。二〇名前後が定員の船で、東京港内を午後六時ごろから二時間ほど、食べ放題、飲み放題の食事付きでクルージングすると、やはり二〇万円ほどは必要だろう。そう考えると、クルーザーのチャーター料は決して高いものではない。

売春窟《ばいしゅんくつ》と化した億ション

異常好景気のあとの突然の大不景気は、こうした突拍子もない出来事を誘発する。クルーザー業界に起こったのとほぼ同様のいかがわしい現象が、当時の高級マンション業界にも起こっていた。

総量規制の結果、高級マンションの割賦金の支払い不能事故が各所で多数発生していた。そして、クルーザー業界と同じような状況で、そうしたマンションは次々にラブホテル化していった。売春窟に変貌《へんぼう》を遂げた高級マンションも少なくなかったのである。

これらのマンションは、ほとんどが都心か都心に近い場所にあった。そのため、ラブホテルとして利用するにも、売春窟として利用するにも、立地条件といった面で非常に優れていた。クルーザーを利用するには、都心を離れてわざわざマリーナまで行かねばならぬことを考えると、手軽さや便利さの面ではクルーザーの比ではない。

マンションのローン支払いに行き詰まったオーナーが、何とかローンの支払いを継続するための資金稼ぎに、自ら進んで、いかがわしい用途での利用を考える場合もある。一方で、資金的に行き詰まった結果、強制執行で差し押さえられた物件に、占有屋と称する暴力団員が居座ってしまう場合もある。そして、ラブホテルとして格安に利用させたり、管理売春の拠点にして稼いだりもした。

一般には、占有屋というのは、占有している物件にからむ立ち退き料を稼ぐのが商売と考えられがちであるが、彼らは立ち退き料を稼ぐと同時に、こんな芸当もやっていたのだ。暴力団のある構成員はこう言う。

「一九九二年の暴力団対策法によって、従来のあらゆるシノギ（稼ぎ）に対して封印をされてしまった。借金取り立ても駄目、警備と称する用心棒も駄目、組の名を名乗っても駄目と来ては、組にいる意味がまるでない。とにかくわれわれは稼ぐ手段をまったく失ってしまった。

だから今回のバブル経済崩壊の社会的混乱の中で、われわれは私立探偵まがいのことまでやっている。夜逃げの手伝いもやったし、その反対に、夜逃げして行方不明になった者の所在調査までやった。バブル崩壊後の経済混乱では、そこにさまざまな隙《すき》が生まれているが、その隙に乗じてゼニを稼がないと、われわれは生きていけない」

つまり高価な外洋クルーザーのラブホテル化も、億ションの売春窟化も、考えてみると、暴力団対策法の生んだ一種の社会的ひずみ現象なのかもしれない。

係争中の物件で管理売春

暴力団対策法の施行で、各種のシノギにフタをされてしまった都内のある暴力団組長は、稼ぎがまるでなくなってしまった。それでも上部組織への上納金を納めなければならない。そこで、この組長は建築費の支払いのことで長い間揉《も》めているマンションに、組ごとそっくり移転して大儲けしたのである。

債権者であるそのマンションの建築会社と、総量規制の悪影響で資金的に行き詰まったマンションの注文主は、建築費の支払いのことで揉めていた。そこに、その注文主にマンションの建築を勧めた銀行までが介入してきた。三者入り乱れて、話は複雑な様相を呈していた。

その結果、マンションの所有権は事実上宙に浮いてしまっていたのだが、その話を聞きつけて乗り出してきたのが、この貧乏組長だったのだ。解決までには五〜一〇年の長期間を要するとにらんだ組長は、組の運営費にも困っていたので、とりあえずこのマンションに入り込んでしまったのだ。

つまり、そこを追い出されるまでは、家賃がタダの場所を確保できたことになる。所有権と支払いをめぐる争いが起こっているのだから、そうやすやすと強制執行で追い出されることはない。もちろん、組長はそこに居座るため、表面的には正当性のある法的根拠も準備していた。

いずれ、そのマンションの所有権をめぐる争いに決着がつき、組長が立ち退きを要求される時点では、それ相当の立ち退き料を稼ごうと組長は考えていた。しかしそれ以前に、組長はその三〇室もあるマンションを、好きなようにカネ儲けに使って結構な稼ぎを上げていた。

まず、組長は会員制のコールガール組織を作り、巧みに法の網をくぐって管理売春をやって稼いだ。客引きの手段は、おなじみの電話ボックスや、クルマのウインドウへのチラシ、コールガールの口コミである。ラブホテル代わりにも利用した。暴力団系列の不動産屋とも手を組んで、空いている部屋に関しては一般への賃貸も行い、敷金・礼金を稼いだ。

こうしたマンションは一九九〇年代には都内各所に見ることができた。

そもそも、こうしたマンションが多数生まれたのは、銀行による無謀な融資が原因である。マンションを建てる敷地に融資するのは、銀行として当然の業務だが、融資の担保としての査定価格が実にデタラメであった。時価一〇億円の土地が担保であれば、さらなる土地の高騰を信じている銀行は、一〇億円まるまる融資したのである。系列のノンバンクに手を回して、その土地を担保に無謀な高額融資をするように仕組んだこともあった。

銀行が土地を担保に融資する際に、その土地に建物を建てるのであれば、その建築資金までも、同じ土地を担保にして融資した実際の例は、決して珍しくない。こうした例は法務局に行って登記簿謄本を綿密に調べたら、簡単にしかも無数に見つかるのは断言できる。

今回のバブルは不動産バブルとも言われているが、これを故意に仕組んだ犯人は、日本銀行を含む金融機関群であったのだ。

それでも公的資金で銀行を保護するというのが、昨今の無責任な政治家であり政府なのである。バブル経済を仕組んだのも、今度はそのバブル経済をたたきつぶして、日本経済を今日の混乱に導き、われわれ国民を苦しめているのも、われわれが選挙で選んだ政治家の先生方なのだ。

エピローグ

相場師にとっての正念場

一九九〇年のバブル経済崩壊以降の十数年の間に、日本の金融業界には規制解除や規制緩和の波が押し寄せ、それはいい意味でも悪い意味でも、金融業界の様相を大きく変貌《へんぼう》させている。特に金融業界における護送船団方式の消滅は、銀行業界だけでなく証券業界にもさまざまな波乱や混乱を引き起こした。

規制解除や規制緩和の結果、証券業界はあらゆる意味で改善され、投資家にとっても証券会社にとっても、すばらしい業界に生まれ変わるものとだれもが思っていた。

しかし、現実にそこで起こったさまざまな出来事は、証券業界にとってマイナス要因となることばかりなのだ。そして二〇〇二年の年末には、東京・兜町《かぶとちょう》の地場筋ではすっかり活気が消え失《う》せた。ある業界新聞の編集者などは、いまの兜町にカネの儲《もう》かるビジネスは何も残っていないと明言する。

そう言うのも、業界内部の隅々から情報を入手できる業界新聞の編集者という特殊な立場から出した結論なのだろう。たとえば彼の置かれた立場で言うと、業界新聞へのあらゆる広告がすっかり途絶えたことも根拠の一つだろう。もちろん、販売部数の激減もそうだ。それも当然だろう。業界新聞に広告を掲載しても、読者からの反響はほぼゼロなのだから。

その業界新聞を発行する会社の役員が、ため息交じりにこう言う。

「見ていてごらん、この業界は来年(二〇〇三年)、ますます悪化の一途をたどるのは確かだよ。そして近い将来、証券市場は墓場になるんだ」

この役員は、昔から常に弱気の相場予測をしているので、この言葉をそのまま信じるわけにはいかないが、一応彼の言葉には無視できない側面があるのも確かである。

一方、彼とは反対に、いまの日経平均株価八〇〇〇円台というのは、三〇年に一度の天与の仕込み場と唱える外資系証券会社の幹部や、地場筋の強気なプロ投資家も、決して少なくない。

昨今のように多様な相場関連商品が生まれても、しょせん相場には「売り」と「買い」の二つに一つしかない。株式評論家はただ無責任に能書きばかりを言っているが、株式相場で儲けることが目的のプロ投資家は、能書きでメシは食えない。

　プロと言われる彼らにとって、売りか買いか、ブル（買い方）かベア（売り方）かを、自分の頭脳で判断して具体的行動に移さなければ、儲かるチャンスはない。外資系証券会社の幹部が言う「三〇年に一度の買い場」説が正しいとすると、地場筋にたむろしながら何かの情報をつかんで思い切って勝負に出たプロ投資家は、数年後にはおそらく東京・田園調布の豪邸に住んでいるだろう。

　世の中には大金持ちと称する人種が少なからず存在している。彼らが財産を作った大概の理由は、戦時物資の生産とその供給で儲けたか、あるいは、いまのように経済が極度に悪化した時期に、安いものをさらに安く、手当たり次第に買いたたいておいて、経済が回復したときに、それを高値で売却して大儲けしたかである。

　そうした観点から見れば、だれもが興味を失って見切りをつけたいまの株式相場ほど、絶好の買い場はめったにない。もしも、あなたが投資家なら、ここはまさに買い方に回るか、それとも静観を決め込むかを決意する正念場なのだ。

　相場が上がれば買いたくなり、下がれば売りたくなる——。そうした心理と葛藤《かっとう》しなければならない時期なのだ。

多くの投資家は、いまの証券業界に儲かるビジネスはもう何も残っていないと嘆く。だが、先ほどの業界新聞の編集者でさえ、「いまの日経平均八〇〇〇円台が三〇年に一度の買い場であるとするならば、この安値で仕込んでおけば蔵が建つ」と言う。この言葉からわかるのは、彼もまた相場の世界に生きる人種だということだ。ここは相場師にとっての正念場なのである。

やりたい放題の外資系証券

さて最近の兜町地場筋の動きに多大な影響を与えたのは、これまでは一般に閉ざされていた証券会社の設立とその経営が開放されたことである。証券会社経営が自由化されたとき、腕に覚えのあるだれもが、「よし、オレも自分の証券会社を設立して、証券界で一旗揚げてやるか」と思った。

だがその思惑は、野心家のだれにとっても見事に外れている。仮にこれが一九八〇年代のように証券業界が絶好調の時期であれば、ことによるとそこには数々の立志伝が新たに誕生していたかもしれない。また、にわか成金が大勢誕生していたかもしれない。

しかしその時期が、バブル経済崩壊後の深刻な長期経済不況期に重なると、立志伝どころか、そこに生まれたのは、残念ながら惨めな敗北者の群れである。さらに、米国のIT（情報技術）ブームの余波を受けた形で、日本でも発生したITバブルとその崩壊が重なり、証券業界に大混乱が生じると、いかに腕に覚えのある侍でも、証券会社の経営はいかんともし難い。

一九九八年当時、友人、知人と知恵を絞って資金をかき集め、どうにか証券会社を設立したある新興証券会社の創立者にそのときの実情を聞いてみた。彼の話はおおむね、「もう景気も株式相場も大底だ。あとは上昇に移るだけ」と判断し、何の後ろ盾も持たないまま、裸一貫で業界への殴り込みを図った経営者に共通する失敗談でもある。

以下は少々長くはなるが、そのときの言葉をまとめたものである。

「苦心惨憺《さんたん》の末、何とかかき集めた一億円で、とにかく設立までこぎ着けました。しかし、本当に大変なのはそれからでした。ウチが本格的に営業を開始したのはこの二〜三年ですが、それはいろいろな意味であまりにもタイミングが悪過ぎました。

たとえば、株式売買手数料の完全自由化とネット取引の爆発的普及で、業界では異常なまでに激しい手数料のダンピング競争が始まっていましたからね。とにかく、二一世紀の株式相場の取引形態は、ネット取引が主流になるという社会的風潮でしたから、私もネット取引システムを無条件で取り入れました。しかし、やってみて驚いたのは、これがまるで儲からないという事実でした。

当然、そんなことは事前に察知するのが経営者というものでしょう。でも、当時はIT銘柄が暴騰していましたし、ナスダック（現ヘラクレス）市場が開設されて新規上場銘柄も続出していて、証券業界全体がまるでバブル相場が再来したかのように浮かれていました。だから、私もそれに巻き込まれるように走り始めてしまいました。そしてすぐに息切れを起こしたんです。

お客である投資家からは、手数料が完全自由化になったのだから、もっと手数料を値下げしろという要求が連日執拗《しつよう》なまでに続く。うっかり拒否しようものなら、それならほかでやるぞと言われる。値下げ交渉というよりも、われわれへの脅しでしかない。しかも、大口投資家である上場企業のような法人投資家ほど、値下げ要求が激しい。

仕方なしに、しぶしぶ値下げすることになるのですが、そんな状態で利益なんか出るはずがない。これはウチだけの問題ではなく規制解除後に新規設立した証券会社の経営者が抱く共通の苦しみなんですよ。そして最終的に、われわれ新規参入組は経済的苦境に追い詰められ、結局自主廃業に至るという図式です。

かつてイギリスでも、似たような手数料完全自由化の時代がありました。このとき力の弱い証券会社は次々に、強力な組織に吸収されたり倒産したりして自然淘汰《しぜんとうた》され、証券会社の数は半減しました。同じことがいまの日本の証券業界で起きています。規制解除が日本の証券業界にもたらしたものは、そういう状況なのです。強い体質の外資系証券会社に業界全体が吸収されると言ってもいいでしょう。

規制解除とは言いながら、それでも役所はいろいろと規制を押しつけている。たとえば、株式相場で潤滑油的役割を担ってきた仕手戦の禁止がそれです。証券会社は仕手筋の売買注文を引き受けただけで、あるいは投資家から仕手銘柄の売買注文をもらっただけで、その証券会社には証券取引等監視委員会から執拗なまでの取り調べが入るんです。売買注文を出した投資家の住所・氏名の提出が命じられ、それに基づいてその投資家を監視委員会に呼びつけて取り調べます。

ところが、同じ仕手戦を外資系証券会社がやっても、監視委員会では見て見ぬふりを決め込む。外資系証券会社はやりたい放題というのが、いまの証券業界の実情なんです。

こうした状況をして、グローバル化と言うのなら、グローバル化とは外資系の軍門にくだるということです。別の見方をすれば、今回の規制解除や規制緩和というものは、日本政府が最初から業界が混乱するのを承知のうえでたくらんだ証券市場壊滅作戦、あるいは証券市場縮小政策と判断されます。

つまり日本政府は、米政府の日本市場乗っ取りの意向を受けて、故意に証券業界の弱体化を図っているのではないでしょうか。そうした考えは、はたしてわれわれ新興証券会社のひがみなのでしょうか」

彼は、いずれ自分の証券会社も、銀行や消費者金融業者、生命保険会社などの金融機関、あるいは経済力のある上場企業の傘下に組み入れられることになるのだろうと考え、いまでは事実上の自主廃業に向かっている。

政府は証券業界を見捨てた

最近の証券業界では、旧来の証券会社も含めて、非常に興味深い現象が起こっている。

主に中小証券会社に言えることなのだが、規制解除のさまざまな悪影響に対する負担と長期経済不況のために、多くの証券会社は最悪の経営状態に追い込まれている。そうした事実を見越して、経済的にゆとりのある一般企業や、暴利をむさぼっている消費者金融業者などが、証券界に進出する動きを見せているのは、ご存じの通りである。最悪の経営状態にある証券会社経営者たちの中には、業界の将来性を悲観して、自主廃業や身売りを考えている者が多い。

これは、護送船団方式で庇護《ひご》されてきた虚弱体質の幼児が、消費者金融業者のようにバイタリティーあふれる、雑草のようにたくましい餓鬼大将に、強引に乗っ取られる図式である。

証券業界進出を希望する面々は、こうした身売りの話を伝え聞くと、待ってましたとばかりに、その証券会社の業務内容の調査にかかる。ところが調査してみると、おおむね好ましくない結果ばかりが出る。

つまり、一九九〇年に起こったバブル経済崩壊以降の長期証券不況の影響で、身売りを希望する証券会社の財務内容たるや、累積赤字の山なのだ。そんな証券会社を買収するのは借金の山を背負い込むのと変わらない。そこで、買収を断念するというのが、あまりにも厳しい証券業界の現実なのだ。

規制解除後に新規に証券会社を設立した者たちの多くは、最近の証券業界のそうした最悪の実情を見てこう言う。

「兜町界隈《かいわい》の証券業界を一度でも歩いてみていただきたい。そこは事実上、ゴーストタウンと化している。昼休みや場が引けてから株の受け渡しに出歩く証券マンの姿は見えない。ネット取引の普及も原因の一つだろうけど。また、場が立っているときに証券会社の店頭をのぞいてみても、投資家の姿は見られない。

それでもなお、証券市場の立て直しを日本政府が本気でやらない。

この深刻な証券不況は、従来の証券会社が行ってきた儲かる部門だけを、銀行救済のため、銀行に任せようとする政府の謀略なんだね。あまりにも行儀の悪い従来の証券会社の姿勢を見て、儲かる証券業務を銀行に任せてしまおうと言う政治家も永田町にいる。

だが銀行業務を裏から眺めると、行儀の悪さでは銀行のほうが一枚も二枚も上手だよ。銀行は証券会社よりさらに行儀が悪く、そのうえ悪辣《あくらつ》だ。金融業という一般市民のカネを扱う商売は、とにかくもっともらしい理由でわれわれのカネを自分たちの懐に取り込んでしまうが、取り込んだら最後、今度は出そうとしない。それが金融業の実態なのだ。銀行や生保に行くと従業員は異常に腰が低く礼儀正しいけど、それは、自分たちの汚い部分を隠すためだ。

政府は銀行に公的資金を入れて、事実上国有化する形で救済しようとしているが、彼らはこのおいしい稼業を守ろうと必死の抵抗を示している。一方、証券業界のほうは政府に見捨てられた感が強い。

ここ数年はグローバル化なる言葉がやたら流行しており、その響きだけ聞くと、いかにも体裁はいい。だが、そのグローバル化なる言葉を日本語に訳すと『外資系への身売り』とするのが正解なようだね」

こんな状況であるから、それを直感した投資家は株式相場と決別し、二〇〇三年に入ってからも株式市場は閑散としている。株価のほうは一九九〇年のバブル崩壊後の最安値を更新し続けており、いまや日経平均四〇〇〇円説を唱える専門家も現れている。

そこで政府は株価暴落を防ごうと、事実上のカラ売り（株が値下がりしたときに買い戻して差益を得るために、所有していない株を売ること）規制を二度も行っているが、これは決して証券業界の救済措置ではない。株価の下落が激しいと、銀行や一般企業の含み資産も激減し、赤字体質に拍車がかかってしまう。それを防ぐ目的なのだ。

カラ売り規制こそ株式相場に最も悪影響を与えるものなのだ。カラ売り規制という行為は、相場の取り組みに厚みを薄くし、あとあと株式相場を壊す大きな原因の一つになるというのが、大方のプロ相場師の見解である。

株価二円の動きで月収一〇〇万円

株式売買手数料の激安化は、業界に多くの興味深い現象を生んだ。たとえば、自己売買専門で稼ぐディーラー部門だけで、普通の営業部門を持たない証券会社の出現がそれだ。証券会社にとって、買って売った往復の手数料は事実上ゼロである。これでは何かと手間暇をかけて面倒な投資家を相手にするよりも、自社のディーラー部門で行う自己売買で稼いだほうがおいしいと考えるのは人情だろう。

　またあの華やかな一九八〇年代までは、仕手グループとして活躍し、証券業界でも知名度の高かったあるプロ投資家グループは、最近の手数料激安について口々にこう言う。彼らの言葉を要約するとこうである。

「最近のように手数料が激安の時代では、以前のように銘柄売買に際して『手数料抜け』を考慮する必要がまったくなくなった。以前だと株式売買手数料が取引総額の三パーセント前後だったので、その手数料を超えてさらにキャピタルゲイン（株式譲渡益）を稼ぐには、大いに骨が折れたものだ。しかし最近は、たった二円動けば、それだけで手数料分の一円に自分の儲け分の一円が乗るから、『手数料抜け』なんかまったく気にする必要がない。

　また銘柄を選ぶにも、これと思ったらさっさと買ってみて、それが間違いだったと気づいたら、今度はさっさと投げてしまえばいい。投げたところで損をするのは往復手数料のたった一円かそこらで済む。だから、最近は銘柄選びもずいぶん楽になった」

　つまり最近のプロ投資家は、毎日相場の動きに張りついていて、自分の買った銘柄に一円でも利益が乗るとすかさず利食いしてしまう。来る日も来る日も、毎日この調子で稼いでいる。たとえば、毎日五万株売買して一株当たり一円の純益さえ稼いでいれば、五万円の儲けになる。月に二〇日間売買すれば、毎月キャピタルゲイン一〇〇万円が楽に稼げる。多くのプロ相場師が最近、そういうことを言っている。

しかし、そうしたプロ投資家やディーラーのやり方は、相場自体をおもしろくないものにして、投資家の株離れを誘発する大きな原因にもなっている。なぜならば、われわれ一般投資家が相場の動きを見ていて、ある銘柄の株価が上がり始めたなと思った瞬間、すかさず食いぶち稼ぎの貧乏プロ投資家群による利食い売りが一斉に殺到し、上へ行こうとする相場の動きを封じてしまう。これでは一般投資家が、株式相場というものに興味を失って当然だろう。

以前は、爽快《そうかい》に値を飛ばす株式相場のことを表現する「天井知らず」とか「青天井」などという、頼もしい言葉があった。その言葉を思い起こすにつけ、かつては世界が注目した日本の株式市場がいったいなぜ、ここまで地に落ちたのかと首をかしげるのは筆者だけではあるまい。

そうした状況であるから、いまの株式相場の動向はあまりにも貧弱で、投資家がまったく儲からないばかりか、激安手数料のために証券会社にも儲かる余地はない。したがって多くの証券会社は青息吐息、瀕死(ひんし)の経営状態にあえいでいるのが厳しい現実なのだ。

何人かの中小証券の社長に状況を尋ねてみると、「バブル当時の儲けは、もう全部吐き出したよ。いまは、どうしようもないほど経営が苦しいだけ」と繰り返す。それが彼らの偽りなき言葉なのだ。

ある中小証券会社の社長は言う。

「バブル相場時代の証券界は、まだ護送船団方式に守られていましたから、証券会社という金看板さえ出しておけば、その日から一定の手数料が確実に稼げました。また証券会社はバブル相場に便乗する形で儲け放題でした。しかしそのとき儲けた貯蓄もこの長期株式不況で、もうすっかりゼロになってしまいました。

次に来るのは借金、そして倒産だけですね。われわれの業界にも本当にひどい時代がやってきました」

過去の資本主義経済や株式相場の浮き沈みを長期チャート（株価の動きを示すグラフ）で眺めると、山と谷の繰り返しである。山高ければ谷は深く、逆に深い谷の次には例外なく高い山が来ている。それが相場の姿であり、一時的な株価暴落も長期不況も決して怖くはない。

ただし問題がある。「二〇〇一年九月一一日に起きた米ニューヨークの世界貿易センタービルへのテロ事件以来、資本主義経済は確実に終焉《しゅうえん》に向かって助走を開始した」という言葉が最近、一部の経済学者の間でも、ささやかれているのだ。

コンドームメーカーの株価が暴騰？

最近の証券業界における話題の中心は、二〇〇三年に入ってからつぶれるのがほぼ確定的と烙印《らくいん》を押された証券会社のことである。それも話の内容は相当に辛辣《しんらつ》だ。具体的に倒産確実とされる証券会社の名前が次々に挙げられ、その累積赤字額や倒産時期などが具体的かつ詳細に語られる。

それもそうだろう。兜町などは、自転車にまたがってわずか一〇分も走ると通り抜けてしまう狭いところなのだ。そんなところで秘密なんか保てるはずがない。

しかも悪い話ほど素早く筒抜けになる。二〇〇三年には、はたして何社の証券会社が倒産することになるのだろう。だが、危ないのは証券会社ばかりではない。多数の銀行にも生命保険会社にも、倒産のうわさが絶えない。

世界の債権大国であった経済大国日本は、いまや失意のどん底に沈んでいる。

先ほども述べたように、毎日たったの五万株や一〇万株の売買で一株につき一～二円の儲けさえ確実に稼いでいれば、月収一〇〇万～二〇〇万円は固いと言う相場師が多いのは相場が弱っていればこそだ。

だが、それも単なるプロ相場師の見栄に過ぎないのは明々白々だ。彼らプロ投資家の毎日の動きを観察していると、月収二〇〇万円などというのは単なる夢に過ぎないことがよくわかる。そもそも、彼らの動きを見る前に、毎日の相場の動きを見ているだけで、値上がりする銘柄が皆無に近いのは一目瞭然《いちもくりょうぜん》である。

儲けどころか、再び暴落が起きるのではないかと、おっかなびっくり毎日の相場をただ眺めているだけというのが、多くの一般投資家やプロ相場師の今日の姿である。

確かに多くの専門家が言うように、いまの株価水準は三〇年に一度の買いチャンスなのだろう。だが、株式相場を取り巻く周囲の経済的環境を見ていただきたい。うっかり手を出すと大火傷《おおやけど》する危険をはらんでいるのもまた、今日の株式相場なのだ。

なぜならば、昔から相場の世界で言われているように、「株式相場は経済を映す鏡」であり「経済の縮図」でもある。そして忘れてならないのは、同時に「経済は政治を映す鏡」であり「政治の縮図」でもあるという事実である。二〇〇三年の政界に予測されるのは政局混迷だけなのだ。

多くの投資家の最近の動きを眺めていると、大物相場師ほど泰然自若として、軽々しく動いていない。彼らは古い相場の格言にある「休むも相場」を忠実に実行しているからだ。大物相場師はただ黙って、寂れた相場展開を眺めているだけなのだ。こんな危険な時期に忙しく売買に奔走しているのは、たった一円幅でも必死に稼がなければ、メシ代にも事欠く惨めな乞食《こじき》相場師ばかりというわけである。

一方、乞食相場師たちは、連日地場筋にたむろしては値上がり銘柄に関する情報をかき集めている。そして毎日、小銭稼ぎに目を血走らせている。だが彼らが信じている情報は、ほとんどがただのガセネタでしかない。確実に儲かるような稀少価値の高い情報など、そう簡単に地場筋の乞食相場師なんかに流れるものではない。

情報とは、企業関係者や幹事証券会社の上層部の連中がインサイダー取引でたっぷり甘い汁を吸ったあとに市場に流出するものなのだ。

二〇〇二年の秋、地場筋の間には非常に興味深い急騰銘柄情報が飛び交った。それは「アメリカのイラク攻撃が始まると、コンドームメーカー『オカモト』の株価が暴

騰するぞ。だからアメリカのイラク攻撃開始前に可能な限り『オカモト』を買ってお
け」というものだった。
オカモトの株価が暴騰する理由というのが実におもしろい。イラク攻撃が始まる
と、戦闘の舞台になるのは、あの熱砂が激しく風に舞う砂漠になる。砂漠の戦闘で
は、歩兵の持つ銃器類の銃身に砂塵《さじん》が侵入して、使用不能になってしまう。つまり、
ライフル銃などを砂の詰まった状態で発射すると、銃身が暴発して引き金を引いた兵
士自身が負傷したり、運の悪いときは命を落としてしまうというのである。
それを防ぐため、非戦闘時には銃口に何らかの砂塵侵入防止装置を施さなければな
らない。それには銃口にかぶせたままでも弾丸を発射できるコンドームが最適とい
う。それがコンドームの需要が拡大する理由である。なるほど、装着したまま発射す
るというのは、コンドームの持つ元来の機能というわけだ。
そして、その事実は前回の湾岸戦争の実戦ですでに実証済みという尾ヒレまでつい
ていた。つまりコンドームは、兵士が夜の繁華街で使用するだけでなく、命をかけた
砂漠の戦闘でも、武器の一部として実用に供するというのであった。
これは笑い話のような、さえない買い材料であるが、経済が沈滞し、株価が低迷し

ていると、そんなバカげた材料にも投資家は敏感になる。それどころか、専門の株式業界誌でさえも取り上げた話題なのだ。ちなみに話題のメーカーに海外からの受注状況を尋ねてみると、その回答たるや、「そんなエピソードも聞いていますね」程度の反応でしかない。

しかし、株価の動きとは連想ゲームのようなものである。無意味なエピソードだけで暴騰することも決して珍しくない。ガン特効薬とかエイズ特効薬とかのうわさを流すだけで、地合い（市場全体の雰囲気）さえよければ株価を飛ばすことは可能なのである。しかし、いまの証券市場ではどんな大材料を流しても株価は動きはしない。

取り立て撃退の喜劇

ところで前述した、地場筋で相場に張りついて一～二円の小銭を稼ぐ投資家のことだが、その方法でも、必ずしも儲かるときばかりではない。思惑が見事外れて株価が下がってしまい、損金が発生することもしばしばである。しかも、株価が値下がりするスピードは、値上がりするスピードより速いというのは、投資家諸君ならご存じの常識である。

したがって、思惑が外れて損金が出た場合の投資家の被害は甚大である。一〇万株を買って一株につき二円値上がりした場合、前述のごとく株式売買手数料の一円を引くと、儲けは一株当たり一円である。一〇万株を買った投資家の純益は、一〇万円というのはおわかりいただけるだろう。

ところが、予測が裏目に出て株価が値下がりするときは、たちまち一〇円、二〇円と下がっていく。下がり始めたと見た瞬間、そこで即刻損切り（損失を抱えた状態になった株式を売却すること）ができれば、投資家としては一人前である。だが、ほとんどの投資家は損切りするのを恐れて、株価が元の位置に戻るのを待とうと考え、下がり始めた株を持ったまま眺めている。

いくら待っても株価は戻るどころか、下げ続ける一方である。こうして評価損の増えるのを眺めるだけというのが、あらかたの投資家の常である。そして、その投資家が買った株価は、毎日ジリジリと下げ続けていく。念のため損金を計算してみると、投資家はその金額の大きさに度肝を抜かれてしまう。驚いて慌てて損切りしたときには、損金がとっくに二〇〇万円を超えていた。これがごく一般的な損金の出る形なのだ。

しかし、この投資家は、一〇万円を稼ぐ目的で一〇万株の買いを入れたのだから、二〇〇万円の損金など右から左へ調達できるはずがない。そこで、この投資家担当の証券マンが損金の集金にやってくる。投資家は口八丁手八丁で証券マンを追い返してしまう。

そんなことが数回続くと、今度は証券マンは自分の上役を伴って、損金の回収にやってくる。上役ともなるとさすがに海千山千のツワモノである。投資家の口八丁で追い返されるほど甘くはない。これは手ごわいと見た投資家は、今度は子供のように大声で泣きわめきながら、土下座をし、床に額をこすりつけて謝り続ける。これで借金取りが撃退できれば、この投資家はプロ相場師である。

未払い損金の大きい投資家で、こうした姑息《こそく》な手段によって借金取りを撃退する投資家に対しては、会社側は今度は債権管理専門の債権部の古参兵を集金に向ける。

これを見た投資家が、泣き落としも駄目なら、土下座も通用しないと判断すると、今度は債権部の回収員の目前で急に心臓発作を起こすのであるが、もちろんそれも演技である。

これを見て、仮病と気づかずに慌てた回収員が一一九番をして救急車を呼ぶと、投資家は担架に乗せられ救急車に担ぎ込まれることになる。それまでは心臓発作の重病人を装っているが、救急車がサイレン音も高らかに回収員のもとを離れ、もう安全と判断すると、救急車の乗務員の前で、投資家は急に発作が治まり、元気が回復したというアカデミー賞レベルの演技を披露した。

こうした例が、つい数ヵ月前の兜町で現実にあった。この借金取り撃退法は今後の主流になるかもしれない。

相場で巨額の損金を出しこれを放置した投資家が、顧問弁護士の署名入り召喚状で証券会社に呼びつけられ、応接間で役員や弁護士に返済を迫られたことがあった。返済についての連帯保証人の差し入れや、返済の日時と金額を明示した念書なり借用書なりを書くよう迫られた投資家は、突如ビルの高層階にあった応接間の窓際に走ると、その窓枠に足をかけ「死んでおわびをする」と叫んで飛び降りようとしたケースがある。

驚いた役員や弁護士が大慌てで投資家の後ろから抱きついて、飛び降りるのを阻止したのだが、さすがにそれ以上、債務返済の追及はできなかったなどの話もある。冗談のような本当の話であり、かつての誇り高きプロ相場師たちも、借金が払えず、大根役者にまで落ちぶれてしまったという、悲しい現実がそこにはある。

命をかけた借金清算

そうした例はせいぜい笑い話で済んでしまうが、さらに厳しい命にかかわる取り立ての実例もある。それは暴力団などが背後で糸を引く証券担保金融業者に関する取り立てにまま見られる。

一般的に証券担保金融業者は、一部上場銘柄であれば、その銘柄の時価の八〇パーセントまで融資するから、投資家はその差額の二〇パーセント相当分の資金を出すことが可能なら、株が買えることになる。

つまり事実上、投資家の手持ち資金は五倍に活用できる計算になる。だから、「五倍投資で五倍儲けよう」などと客を釣る金融業者の広告もあるわけだ。しかし、この証券担保金融システムを利用してある銘柄を購入した場合、その銘柄の株価が二〇パーセント暴落すると、投資家がその銘柄を買うときに自分の出した資金相当分の二〇パーセントが下がった勘定になり、その銘柄に対する自分の出資金はゼロということになる。

したがって、その時点で投資家がその株を自分のものと主張するためには、下がった二〇パーセント相当分の資金を、「追加証拠金（追い証）」として、金融業者に入金する必要がある。投資家がその追い証の入金を怠った場合、それ以上株価が下がると、さらに下がった分は金融業者が損金を被る形になる。

問題は、金融業者が損金を被ってしまったときに起こる。この場合の取り立て手段たるや、並大抵のものではない。投資家のもとに何人もの暴力団員が押しかけ、大声で怒鳴って脅したりする。請求金額が大きく、投資家にそれを支払うだけの資力がないと判断した場合、保証人がついていれば、暴力団員は保証人のところでも同様の脅しをやる。

本当に大変なのは、保証人にも支払い能力がないとわかったときだ。暴力団員は損金の支払い能力のない投資家を脅して、強引に生命保険に加入させる。そして加入手続きを終えた投資家にこう言うのである。

「さっさと損金を払わんとな、お前は近々確実に交通事故で不慮の死を遂げることになるんだ。そのとき、保険金は受取人のオレらに支払われ、それでお前の借金はチャラになるんだ。交通事故が嫌なら、さっさと損金を都合して払え」

こうした脅しは、単なる言葉だけの脅しではない。何らかの形で命を落とし、生命保険金で暴力金融業者の借金を清算したケースは少なくないと言われている。この生命保険を利用する取り立ての対象になるのは、借財の発生した本人にとどまらない。本人が病弱で生命保険の加入対象から除外されたような場合には、その家族や身内の者の命までもが、暴力金融業者の手によって生命保険の対象にされたケースもあると、ある暴力団の構成員は語った。

こうした保険金を利用した借金取り立てには、生命保険だけでなく、現実にいま住んでいる一戸建て住宅の火災保険だったりもするそうだ。これは、債務者があまりにも老齢で生命保険の加入対象から除外された場合や、居住中の住居があまりにも古いので、売却しても借財を返済するに満たない場合などに行われるそうだ。

こうした借金の取り立て方法は、何も暴力団関係者の間だけで行われているのではない。最近のように世の中が異常な不況になると、少々手荒なマチキン（街金）の連中も、人の命を犠牲にしてでも取り立てるという。

ほかにも、一億円程度の借金を清算する、さらに簡単な方法がある。

海外旅行者を対象にした海外旅行傷害保険がそれだ。これは元来、海外旅行中のケガや病気に備えたものではあるが、死亡の場合にも一億円までは保険金が支払われるようなのである。これもまた、借金の清算に使われているらしい。こうした傷害保険はもちろん掛け捨てであり、加入手続きも空港の保険受付カウンターで簡単にできるので、悪党には利用されやすい。

つまり、いまの日本社会には、強盗や窃盗の犯罪は別として、一億円もの大金を短期間で簡単に入手する手段は、これくらいしかなくなったというわけだ。もちろん、悪徳政治家ならば、公的資金という国民のカネを巧妙にくすねる方法もある。だが、善良な一般市民が一億円を作るために残された最後の手段は、自分の命をかけるしかほかに方法がない。

ある時期には、カネに行き詰まった者が兜町に行って金融詐欺でもやれば、一億円やそこいらのカネは簡単に手に入れられた。たとえば、舌先三寸で顧問料を騙《だま》し取る悪徳株式投資顧問業者もそれだ。証券担保金融業者を装った金融詐欺の「二八屋《にっぱちや》」もそうだった。偽造株券詐欺もおもしろいように儲かった。

だが残念ながら、いまの証券業界では容易に儲かるビジネスが何一つ見当たらないのが現実だ。冗談などではなく、一億円をたたき出す方法があるとすれば、それは自分自身の命をかけた保険くらいなものだろう。そして事実、突然行方不明になる人がバブル崩壊後の証券業界にはやたらに多い。

それにしても日本経済をここまで追い込み、堕落させたのは、いったいだれなのだろう。不思議にもバブル経済が崩壊して一三年目になるというのに、いまだその責任を取る者がいない。政治家や役人の言い分は、日本経済の将来を憂慮した結果、国家権力を行使してバブル退治を行ったというものだ。

しかし、それは政治家や役人の思い上がりでしかない。バブル退治の結果、何万人もの中小企業者が倒産に追い込まれ、全国民が不況にあえいでいる。しかも、その後始末に使われるのは公的資金と名を変えた、われわれ国民の税金なのだ。あるいは、われわれ国民がコツコツと積み立てた年金基金かもしれないし、郵便貯金かもしれない。

本作品は当文庫のための書き下ろしです。

鈴木 晃―フリージャーナリスト。長年の兜町での経験を生かし、主に経済問題や証券問題に関して週刊誌や月刊誌などに寄稿している。
著書には『悪の金融学』(山手書房)、『兜町のウラの裏がわかる本』『仕手戦のウラの裏がわかる本』『兜町のウラの裏がわかる本・パート2』『兜町復活』(以上、ぴいぷる社)などがある。

講談社+α文庫 裏《うら》ビジネス 闇《やみ》の錬金術《れんきんじゅつ》

鈴《すず》木《き》 晃《あきら》 ©Akira Suzuki 2003

2003年3月20日第1刷発行

発行者――――野間佐和子
発行所――――株式会社 講談社
東京都文京区音羽2-12-21 〒112-8001
電話 出版部(03)5395-3528
販売部(03)5395-5817
業務部(03)5395-3615
カバー写真――共同通信社
デザイン――――鈴木成一デザイン室
カバー印刷――凸版印刷株式会社
印刷――――慶昌堂印刷株式会社
製本――――株式会社大進堂

落丁本・乱丁本は購入書店名を明記のうえ、小社書籍業務部あてにお送りください。
送料は小社負担にてお取り替えします。
なお、この本の内容についてのお問い合わせは
生活文化第二出版部あてにお願いいたします。
Printed in Japan ISBN4-06-256716-4
定価はカバーに表示してあります。